RUN WILD WOMAN

DER RUF UNSERER WILDEN,
INNEREN FRAU UND WEGE,
IHM ZU FOLGEN

Miriam Wagenblast

Copyright © 2019 Miriam Wagenblast
2. Auflage 2022

Coverfoto: Paula Nantje Kiel
Covermodelle: Anna Losse, Charleen Fabian

ISBN Printausgabe: 9781699358764

Alle Rechte der Verbreitung sowie des
auszugsweisen Nachdrucks vorbehalten.
Die Urheberrechte des Coverfotos liegen
bei Paula Nantje Kiel
Miriam Wagenblast, Stresemannstr. 47, 74080 Heilbronn

Für all die Frauen, die ihr Leben für ihre Weiblichkeit lassen mussten. Für diejenigen, die nie die Chance hatten, ihre Gedanken laut auszusprechen. Ihnen möchte ich mit diesem Buch eine Stimme verleihen.

INHALT

Einleitung	11

Teil I - Der Ruf 15

Woher wir kommen und wonach wir uns sehnen

Ursprung unserer Sehnsucht 16

Tiefes Verlangen 16

Die, die vor uns da waren 18

Am Anfang die Frau 20

Die Rolle des Patriarchats... 22

... und des Christentums 25

Was uns prägt und manchmal quält 31

Das kollektive Gedächtnis - unsere tiefsten Erinnerungen und Prägungen 31

Hexenwunde 37

Die Kraft unserer Natur 47

Deine versteckte Kraftquelle 47

Emotionszyklus	50
Die Wildheit in uns	54
Unsere wilde Frau	54
Teil II - Zurück zum Ursprung	59

Dem Ruf folgen und die wilde, weise Frau entfesseln

Die Richtung einschlagen	60
Vom Mut Dir selbst gegenüber	64
Rückverbindung mit Deinem Zyklus	70
Die vier Stufen	70
Den Zyklus wieder integrieren	77
...und lieben lernen	84
Die Erweckung der weiblichen Intuition	88
Die innere Stimme wieder hören	88
Den Blickwinkel ändern	100
Der Angst entgegenstellen	104
Die weibliche Ahnenlinie heilen	110
Abschied vom braven Mädchen	119
Körpertempel	129
Göttinnen einladen	138

Zuhause in der Natur	152
Öffne Dich - Seminare als Inspirationsquelle	161
Erinnerungen wecken	166
Die Kraft des Frauenkreises	166
Rituale & Bräuche aufleben lassen	175
Das Weibliche stärken	191
Unsere Töchter	191
Unsere Söhne	200
Wilde Frau & starker Mann	206
Warum unsere Beziehungen Lilith und Eva brauchen	206
Die Balance von Frau und Mann	214
Zeige Dich. Lebe Dich	222
Danksagung	231
Quellenangaben	234
Über die Autorin	235

EINLEITUNG

„Wenn du den Ruf erstmal vernommen hast, dann gibt es kein Zurück mehr!". Dieser Satz hat mich tief berührt damals, als ich gerade angefangen hatte, meiner inneren Sehnsucht vorsichtig auf den Grund zu gehen und noch nicht wusste, woher dieses undefinierbare Sehnen tief in meinem Inneren überhaupt kam. Ich hatte von einem Seminar mit Frauenkreis gelesen, und weil mich allein schon der Gedanke daran förmlich zu rufen schien, schrieb ich die Seminarleiterin an und versuchte, ihr meine Situation zu schildern.

Es war gar nicht so einfach, die richtigen Worte zu finden. Worte, die meine Sehnsucht ausdrücken sollten, deren Ursprung und Ziel ich aber gar nicht greifen konnte. Es war einfach dieses stetig wachsende Gefühl der Unruhe, des Sehnens nach etwas Tieferem, nach mir selbst und zugleich nach so viel mehr. Als ob etwas in mir verschüttet liegen würde, eine tiefe, wissende Erinnerung an etwas. Aber an was? Manchmal machte es mich ganz verrückt, dass ich selbst nicht wusste, wonach ich mich eigentlich sehnte. Und so klang mein Schreiben an die Seminarleiterin vermutlich ziemlich eigenartig. Umso mehr berührte mich dann ihre Antwort, weil sie mir mit diesem einen Satz klar machte, dass ich nicht alleine bin.

„Wenn du den Ruf erstmal vernommen hast, dann gibt es kein Zurück mehr!"

Diese wenigen Worte beinhalteten für mich damals so viel. Zum einen ein schlagartiges bewusst werden darüber, dass dieser 'Ruf' existiert, und zwar nicht nur in mir. Dass er keine Einbildung war oder vielleicht einfach eine Folge der inneren Anspannung aufgrund meiner damaligen, schwierigen Lebenssituation.

Ich fühlte mich verstanden und ein Stück weit weniger ruhelos. Da war plötzlich jemand, der diesen Ruf kannte und verstand, dass mich diese tiefe, dumpfe, pulsierende, ständig präsente Sehn-sucht nicht mehr loslässt. Dass ich mich an irgendetwas erinnere. Dass ich das Gefühl habe, ich weiß viel mehr, als es nach außen und für mich selbst erscheint. Dass da ein tiefes Wissen, eine Weisheit in mir vergraben liegt.

Zum anderen bedeutete dieser Satz für mich eine klare Aufforderung. Fühlte es sich davor noch fremd, und auf eine sonderbare Weise auch beängstigend an, so war ich von da an sicher, der Spur folgen zu müssen.

Und so nahm mein Weg langsam Richtung und Gestalt an. Das Thema Weiblichkeit mit all seinen Aspekten faszinierte mich, zog mich förmlich an. Und ich stellte schnell fest, dass wir Frauen den Kontakt zu uns selbst weitgehend verloren haben. Wir haben keine Verbindung mehr zu unserem Ursprung, wir wissen nicht mehr, wie sich weibliche Stärke eigentlich anfühlt. Stattdessen haben wir gelernt, sie durch männliche Attribute zu ersetzen, um uns selbst und anderen zu zeigen, dass wir sehr wohl genauso stark und unabhängig sind wie die Männer um uns herum. Unbewusst aber sehnen wir uns nach ganz anderen Aspekten der Stärke, können sie jedoch nicht greifen, weil uns das Wissen dazu über Jahrtausende aberzogen, ja regelrecht vernichtet wurde. Und heute glauben wir tatsächlich, wir seien das schwächere Geschlecht.

Aber es ist jetzt an der Zeit, dass sich dieses Bewusstsein wieder ändert. Dass wir uns erinnern. Daran, wer wir sind und wer wir waren. Immer mehr von uns Frauen empfinden diese tiefe Sehnsucht. Und egal, ob wir sie leise und vorsichtig anklopfen spüren oder ob sie laut und fordernd unsere Türen einrennt, wir wissen instinktiv, dass wir ihr folgen müssen. Wir hören den Ruf. Dass Du dieses Buch gerade in den Händen hältst, dass es den Weg zu Dir gefunden hat, ist kein Zufall.

Ich weiß aus eigener Erfahrung, wie sehr dieser Ruf zunächst verunsichern kann und dass wir ihn nicht für voll nehmen, ihn verdrängen wollen, weil wir nicht wissen, woher er kommt und wie wir ihm nachgehen sollen.

Mein tiefer Wunsch und mein Antrieb ist es, Frauen auf diesem Weg, dieser Reise zu begleiten. Ich möchte verständlich machen, worin unsere Sehnsucht begründet liegt und Wege aufzeigen, ihr zu folgen. Und ich möchte Mut machen. Mut, um endlich Weiblichkeit in all ihrer Stärke, Weisheit und Schönheit zu leben.

Es ist Zeit, uns zu erinnern. Es ist Zeit, die wilde, weise Frau in uns zurück ins Leben zu holen.

TEIL I

DER RUF

WOHER WIR KOMMEN
UND WONACH WIR UNS SEHNEN

URSPRUNG UNSERER SEHNSUCHT

TIEFES VERLANGEN

Immer mehr von uns Frauen - mehr als jemals zuvor - hören den Ruf, den inneren Ruf der wilden Ursprünglichkeit, der uns zurück zu unseren Wurzeln zieht. Den Ruf danach, endlich wieder unserer Intuition zu folgen, sie freizulegen, uns selbst zu vertrauen, uns gänzlich selbst zu entdecken und unsere wahre Natur zu leben, frei von Sorgen um die Blicke der anderen, frei von äußeren Einflüssen. Den Ruf nach Verbundenheit, Schwesternschaft, weiblicher Stärke und tiefem Wissen.

Es ist ein Ruf, der sich wie eine verblasste Erinnerung anfühlen kann oder wie ein drängendes, ziehendes Gefühl der Unruhe tief im Innern. Egal, wie er sich äußert, es ist der (Auf)ruf, uns daran zu erinnern, wer wir waren bevor wir es vergessen haben.

Jedes Sehnen bringt ein inniges, brennendes, und oft quälendes Verlangen nach etwas Bestimmtem mit sich. Die Tatsache, dass seit einigen Jahren so auffällig viele Frauen dasselbe Verlangen in sich verspüren, bedeutet, dass sie sich alle nach *derselben Quelle* sehnen, dass diese Sehnsucht in jeder einzelnen Frau *denselben Ursprung* hat. Wir haben eine gemeinsame Vergangenheit, und die Erfahrungen daraus sind seit Anbeginn der Zeit tief in unseren Zellen abgelegt. Aber wir scheinen etwas verloren zu haben über die Jahrtausende unserer Geschichte hinweg, etwas elementar Wichtiges. Etwas, ohne das wir uns leer und unvollständig fühlen und das sich jetzt mit aller Kraft und Präsenz seinen Weg zurück zu bahnen scheint.

Wir haben die Verbindung zu uns selbst verloren,

zu unserer ureigenen Weiblichkeit.

DIE, DIE VOR UNS DA WAREN

Seit Jahrtausenden leben wir in Gesellschaften, die uns Frauen nur wenig Respekt und Achtung entgegenbringen. Trotz erkämpftem Wahlrecht, dem Recht auf Bildung, Arbeit und anderen Errungenschaften, die wir so vielen, mutigen Frauen in unserer westlichen Welt zu verdanken haben, sind wir nach wie vor von einer Grundstimmung umgeben, die Frauen im Vergleich zu Männern weniger Wissen und Stärke unterstellt. Aber das war nicht immer so. Wenn wir in der Zeit sehr weit zurückgehen und uns das Leben unserer Ahninnen anschauen, sehen wir eine komplett andere Welt.

Bis vor wenigen tausend Jahren wurden Frauen verehrt, ihre Leben gebärenden Körper waren der Inbegriff der göttlichen Schöpferkraft. Die ältesten Religionen (zurückdatiert auf über 35.000 Jahre, und somit weit älter als Christentum, Islam, Buddhismus und alle anderen uns bekannten Religionen) beteten Göttinnen an. Gott wurde in unserer Geschichte weitaus länger als weiblich, denn als männlich angesehen. Tausende Jahre beteten die Menschen weltweit zu einer Mutter-Göttin, die zugleich Natur und Nahrung, Tod und Wiedergeburt, Licht und

Schatten bedeutete. Etliche Darstellungen fruchtbarer Frauenkörper aus Lehm oder Stein sind Zeugen für diese ursprünglichen Anbetung der Göttin und die Verehrung der Frau.

Jahrtausendelang lebten Frauen und Männer herrschaftsfrei und gleichberechtigt in ihren Gemeinschaften zusammen. Und unsere ältesten, unbewussten Erinnerungen stammen aus dieser Zeit, in der die Frauen ihre Weiblichkeit völlig frei und ursprünglich leben konnten. In der sie weder bevormundet noch unterdrückt wurden und in der nicht nur ihr Körper, sondern auch ihre ureigene Wesensart Weisheit und Stärke bedeuteten.

Um zu verstehen, wieso wir heute den Zugang zum weiblichen Wesenskern verloren haben, und wie es von der Verehrung zur Verachtung der Frau kommen konnte, ist es wichtig, unsere eigene Geschichte zu kennen.

AM ANFANG DIE FRAU

In der vorpatriarchalen Zeit, bis etwa 3500 vor Christus, waren die Frauen wertvoller Bestandteil der Gemeinschaften, die zu jener Zeit noch in vereinzelten Sippen zusammenlebten. Die Verwandschaft dieser Sippen wurde über die Linie der Mutter, also 'matrilinear', bestimmt, und so wurden die Frauen für ihre Fruchtbarkeit, die das Überleben und den Fortbestand der Sippe ermöglichte, zutiefst verehrt. Dank ihrer Rolle als Trägerinnen des Lebens, ihrem tiefen Wissen über Kräuter und Heilkunde und ihrer naturgegebenen Fähigkeiten als Hebammen, als weissagende Frauen sowie als Weisheitsträger- und Hüterinnen, kam ihnen seit jeher eine bedeutsame Stellung innerhalb der Gemeinschaften zu. Sie waren sich ihrer Stärke und Gaben bewusst und lebten diese selbstverständlich und ohne Scheu aus.

Die Sippen wurden um die Frauen, die Mütter, herum aufgebaut, sie bildeten den Kern, standen quasi am Anfang, was auch der Begriff des Matriarchats in seiner ursprünglichen Übersetzung verdeutlicht: nämlich 'am Anfang/vorne die Mütter'.

Entgegen der häufigen Unterstellung, die matriliniearen Gemeinschaften seien mit einer 'Frauenherrschaft' einfach der Umkehrschluss zum heutigen Patriarchat gewesen, gab es in diesen Kulturen den Begriff der Herrschaft überhaupt nicht. Die Menschen organisierten sich naturgegeben einfach um diejenigen herum, die die Nachkommen hervorbrachten, und so können wir die Matriarchate als Gemeinschaften verstehen, in denen die Frauen die Sicherung der Existenz neuen Lebens und somit ihre Fruchtbarkeit und ihren weiblichen Körper in den Mittelpunkt der Gemeinschaft stellten. Und in denen die Männer sich keinen Herrschaftsanspruch anmaßten, sondern die tragende Rolle der Frauen achteten und ehrten. Auch der Muttergöttinnen- und Fruchtbarkeitskult der damaligen Zeit steht in enger Verbindung zur wertschätzenden und ehrfürchtigen Betrachtungsweise den Frauen gegenüber.

Diese egalitäre, matrifokale (= um die Mütter zentrierte) Gemeinschaft entspricht unserem angeborenen Sozialverhalten, ganz im Gegenteil zur geschaffenen Gesellschaftsform des heutigen Patriarchats.

DIE ROLLE DES PATRIARCHATS...

Etwa ab 3500 vor Christus begann über einen Zeitraum von ungefähr 3000 Jahren ein schleichender Prozess, der letztlich die bisherige, gleichwertige Matrilinearität aufbrach und durch zunehmende Dominanz und Machtbestrebungen der Männer ersetzte. Für diesen Wandel gibt es nicht 'den einen Grund', den man dafür verantwortlich machen könnte. Vielmehr spielten vielfältige Ursachen mit hinein, die die bestehenden Sozialstrukturen über einen sehr langen Zeitraum hinweg sukzessive veränderten. Weg von der gewalt- und hierarchiefreien matrilinearen Gemeinschaft, hin zur Gesellschaftsform der patriarchalen Vormachtstellung des Mannes.

Vermutlich begann der Wandel aufgrund einer Klimaveränderung vor etwa 7000 Jahren, der die Menschen aufgrund der Dürre und der daraus resultierenden Hungersnöte zum Verlassen ihrer Gebiete zwang. Durch diese Völkerwanderung veränderten sich die bestehenden Beziehungen und Verhältnisse innerhalb der Sippen. Gerda Lerner, Historikerin und Pionierin auf dem Gebiet der Frauengeschichte, fand heraus, dass es durch die verschlechterten Lebensbedingungen in einigen Stämmen zum

Frauenmangel kam, was dazu führte, dass Frauen innerhalb dieser Stämme gegen Handelswaren getauscht wurden. Die Sexualität der Frau wurde sozusagen auf Warenwert degradiert und die Frau an sich zum Objekt. Unsere Fruchtbarkeit wurde uns letztlich also zum Verhängnis.

Im Zuge der beginnenden Domestizierung von Tieren bekamen die Menschen erstmals ein bewusstes Verständnis für den Zusammenhang zwischen Geschlechtsverkehr und Schwangerschaft. Da die Frauen zur damaligen Zeit über einen natürlichen, hormonellen Verhütungsschutz während der drei bis vier Jahre dauernden Stillphase verfügten, gleichzeitig aber natürlich weiterhin ihre Sexualität lebten, sahen sie die Verbindung nicht. Wohl aber, als sie erkannten, dass ihre Herden ohne männliche Tiere keinen Nachwuchs bekamen. Das Verständnis der Vaterrolle bekam plötzlich Bedeutung, und die Männer forderten dieses Recht zunehmend ein, was dazu führte, dass sie die Sexualität ihrer Frauen einschränken und kontrollieren wollten.

Im Verlauf der Jahrhunderte wuchs der Machtanspruch der Männer, die den Profit durch die sexuelle Aneignung der Frauen erkannt hatten, weiter. So wurden Frauen nach Kämpfen zwischen den Stämmen versklavt und vergewaltigt, und es entstanden erste Formen des Konkubinats und der Prostitution. 1760 vor Christus erreichte die sexuelle Ausbeute von Frauen eine neue Stufe, als der Rechtscodex des Hammurabi die ökonomische Abhängigkeit der Frauen von ihren Männern erstmals zum Gesetz machte.

Nachdem die Ungleichheit der Frauen von da an also Rechtskraft hatte, war das einzige Hindernis, das die Patriarchen noch von ihrer absoluten Machtstellung trennte, die Tatsache, dass die Frauen weiterhin zur Mutter-Göttin beteten und sich in ihr gespiegelt und verwurzelt sahen. Als Priesterinnen lebten sie diesen Kult nach wie vor aus, was die damaligen Monarchen veranlasste, sich selbst zu Gottheiten zu erklären und sich dann mit den Priesterinnen der Göttinnen zu vermählen, um deren Macht zu brechen.

Egal, welche Faktoren im Einzelnen zum Verlust der matrilinieren Gemeinschaftsform beigetragen haben, sie alle führten schlussendlich zu einer Fremdbestimmung der weiblichen Sexualität. Wir Frauen wurden damit unseres Heiligsten beraubt, unser Schoßraum wurde entwürdigt und entehrt. Und das spüren wir auch heute noch in einem Gefühl der Wert- und Orientierungslosigkeit.

... UND DES CHRISTENTUMS

Spätestens mit dem Aufkommen der monotheistischen Religionen von Islam, Juden- und Christentum war das Ende der Mutter-Göttin und der einstigen Wertschätzung gegenüber dem Weiblichen besiegelt. Es war kein Platz mehr für diese starken, unabhängigen Frauen, die über so viel Weisheit und Wissen verfügten. Im Gegenteil: dieses Wissen stand den patriarchal strukturierten Religionen im Weg, die Herren der Kirche fühlten sich dadurch in ihrer angestrebten Machtposition bedroht. Wohl spürten sie, dass die Macht und Stärke der Frauen aus tieferer Quelle gespeist wurde, als ihr eigenes, lediglich auf Angst und Unterdrückung aufgebautes Machtgefüge.

Und so folgte nach und nach eine komplette Vernichtung all dessen, was das spirituelle Leben bis dahin geprägt hatte. Gemeinschaften wurden ersetzt durch einzelne Machthaber, Weisheit und die Weitergabe von Geschichten wurden im Keim erstickt. Gier und Kontrolle hielten stattdessen Einzug. Raum für Mystisches gab es ebenso wenig wie für die Spiritualität, die seit Anbeginn der Zeit gelebt wurde. Schon immer dagewesene Rituale und heilige Praktiken wurden ausgerottet und durch starre Regeln in einem Konzept aus Angst und Demut ersetzt.

Um die Menschen zu einer einfacheren Akzeptanz des neuen Glaubens zu bewegen, wurden bestehende Feste und heilige Zeremonien übernommen, und einfach umbenannt. Göttinnen und Götter des alten Glaubens wurden fortan zu christlichen Heiligen umfunktioniert. Die Anbetung der dreifaltigen Göttin wurde ersetzt durch Vater, Sohn und heiligen Geist. Die Mutter-Göttin, die über Jahrtausende für ihre Fruchtbarkeit verehrt wurde, wurde genau dieser beraubt. Ihre Sexualität wurde ausgelöscht, und sie dient seitdem nur noch als jungfräuliche Mutter-Gottes. Wo sie einst für Ihre Kraft verehrt und angebetet wurde, war sie ab sofort nur noch ein keusches Bindeglied zwischen Mann und männlichem Gott. Der ehemals als heilig angesehene Körper einer Frau war plötzlich der Inbegriff der sündigen Verführung und des Unheils.

Die Abspaltung des alten Glaubens und die Trennung von unserer weiblichen Urnatur geschah auf vielfältige Art und Weise. Ein kleines, aber sehr wirkungsvolles Beispiel ist die Umdeutung des Begriffes 'Jungfrau', der einst für unabhängige, starke Frauen stand, die nicht verheiratet und somit nicht von einem Mann abhängig waren. Stärke und Macht sprachen aus diesem Wort. Genau das Gegenteil also von der braven, unbefleckten Frau, das uns die heutige Definition des Wortes vermittelt. Hier wird schnell klar, dass dies nur dem Zweck diente, uns als Frauen jedes Gefühl der Stärke zu nehmen und uns einzureden, dass wir nur gut und richtig sind, wenn wir unsere Sexualität unterdrücken.

Andere Methoden waren grausam und ihre Folgen sind noch heute greifbar und spürbar. Für die Patriarchen waren die 'Magie' und die Kraft der Frauen, ihre Gabe zu heilen, mit Kräutern umzugehen und Prophezeiungen zu treffen, eine nicht kontrollierbare Macht. Und genau das machte sie spätestens mit Beginn des Spätmittelalters zur Zielscheibe des Christentums, das in jeder Frau eine Bedrohung, eine Hexe sah, die vernichtet werden musste, um die patriarchalen Strukturen und die mühsam aufgebaute Religion nicht zu gefährden. 1484 unterzeichnete Papst Innozenz VIII. die sogenannte 'Hexenbulle' und übertrug der Kirche damit die Autorität, Hexen zu finden und ohne fairen Gerichtsprozess zu töten. Er stützte diese Vollmacht auf das Bibelzitat „Die Zauberinnen sollst du nicht leben lassen" (Exodus 22,18). Was folgte, war eine beispiellose Massen-vernichtung von Frauen. Die Liste der Gründe für Verurteilungen war endlos lang und an den Haaren herbeigezogen. Es reichte, wenn eine Frau mit Tieren oder Pflanzen sprach, wenn ein Lamm des Nachbarn verstarb nachdem die Frau dort zu Besuch gewesen war, wenn sie Wissen über den Geburtsvorgang hatte, wenn eine Geburt nicht reibungslos verlief, wenn sie eine Katze hatte und viele, viele Gründe mehr.

Um das Ausmaß unserer ursprünglichen Macht und Stärke zu

begreifen, müssen wir uns eigentlich nur anschauen, zu welch verzweifelten, drastischen Maßnahmen die Männer griffen, um uns mundtot zu machen.

Ich werde im nächsten Kapitel tiefer auf diese (für unsere Geschichte sehr wichtige und prägende) Zeit eingehen und auch auf die Folgen, die sie noch heute für uns Frauen hat.

Wichtig für uns zu verstehen ist an dieser Stelle, an der es zunächst einmal um den Grund für unsere Sehnsucht gehen soll, dass mit der Ausrottung der weisen Frauen und durch die Verfestigung des christlichen Patriarchats auch eine Ausrottung unserer ureigenen Geschichte, unserer Quelle, unseres Ursprungs einherging. Wir Frauen sind heute nicht mehr das, was wir einmal waren und was tief in unserer DNA verankert ist. Und hierbei geht es nicht um die natürlichen Veränderungen, die der Fortschritt der Zeit mit sich bringt. Es geht vielmehr um unseren innersten Kern, unsere innerste Wesensart, unseren 'Grundbauplan' sozusagen.

Denn wir sind nicht dafür geschaffen, leise und demütig zu sein, wir sind auch nicht dafür geschaffen, uns für unsere Sexualität zu schämen und unser sexuelles Verlangen zu unterdrücken, wir sind nicht dafür geschaffen, den Männern untertan zu sein und wir sind auch nicht für eine leistungsorientierte, patriarchal strukturierte Gesellschaft geschaffen, in der kein Raum ist für Magie, für Wissen und Geschichten, die im Frauenkreis am Feuer weitergegeben werden. Für eine Gesellschaft, in der wir immer noch schräg angeschaut werden, wenn wir unseren eigenen Weg gehen, unsere eigene Wildheit wieder entdecken. Wir sind nicht da, um uns zu verstecken und uns klein zu machen, nur weil wir mit den vorgegebenen Strukturen nicht klarkommen. *Das ist kein Wunder*, denn sie entsprechen unserer Wesensart in keinster Weise. Die Welt in der wir leben ist sozusagen die falsche Festplatte für unser Betriebssystem.

Und tief in unserem Herzen wissen wir das alles. Wir wissen es, wir spüren es jeden Tag, aber wir können uns den Grund dafür nicht erklären, weil wir die Hintergründe nicht kennen. Und dann schieben wir es (wieder einmal) auf uns selbst, glauben (einmal mehr), dass mit uns als Person etwas nicht stimmt, dass wir falsch sind, zu empfindlich, zu undankbar, zu irgendwas. Aber weißt Du was? Vergiss das alles einmal. Hör auf, an Dir zu zweifeln, Dich zu schämen für den Ruf den Du vernimmst, immer wieder. Fang an, genau hinzuhören, in Dich hineinzuhören...

Hörst Du dann die Trommeln schlagen, siehst Du das Feuer, um das Du mit Deinen Schwestern tanzt, schmeckst Du die Luft, die nach verräucherten Kräutern riecht und spürst Du die heilige Verbundenheit, die herrscht? Kannst Du Dich erinnern an die Stärke und dieses tiefe, innere Wissen? Dieses völlige eins sein mit dem Leben?

Wir sind verdammt nochmal geschaffen, um frei und wild und stolz unseren Weg zu gehen, voller Vertrauen in uns selbst, wir sind geschaffen, um unsere Gaben, die in *jeder einzelnen* von uns verborgen liegen, voll auszuleben, wir sind geschaffen, um zu erschaffen, zu kreieren, zu gestalten, um Raum zu halten für Kreise, in denen wir als Frauen zusammenkommen können, wir sind geschaffen, um hinter die Mysterien unserer Erde zu schauen und im Gleichklang mit ihr zu leben, ihrem Rhythmus zu folgen und uns nach ihm auszurichten. Wir sind geschaffen, um zu heilen, zu sehen und zu verstehen. Wir sind geschaffen und ausgestattet mit tiefer Stärke, Weisheit und untrüglicher Intuition. Und JA! Wir sind geschaffen, auch unsere Sexualität und Sinnlichkeit zu leben, zu zeigen und sie zu genießen. Wir sind das Leben selbst und bringen Leben hervor, wie konnte man uns denn nur jemals glauben machen, dass unsere Lust und unser Verlangen sündhaft seien?

Es ist an der Zeit, dass wir zurückfinden zu unserem Ursprung und uns selbst. Denn genau dort liegt unsere Sehnsucht begründet. Sie ruft uns. Sie ruft uns auf, uns zu erinnern und uns zurückzuholen, was uns gehört. Sie ruft uns nach Hause.

Sie ruft uns. Unser wilde, innere Frau.

WAS UNS PRÄGT - UND MANCHMAL QUÄLT

DAS KOLLEKTIVE GEDÄCHTNIS -

UNSERE TIEFSTEN ERINNERUNGEN UND PRÄGUNGEN

Vielleicht ist das das erste Mal, dass Du diesen Begriff hörst. So ging es mir damals, als ich mich auf die Reise begeben habe, um meiner wilden Frau zu folgen. Und als ich ihn hörte, konnte ich mir rein gar nichts darunter vorstellen. Ich weiß mittlerweile aber, wie wichtig es für uns Frauen ist, die Bedeutung voll und ganz zu verstehen, sie in uns wirken zu lassen und mit diesem Hintergrund unser ganzes Leben, unsere Glaubensmuster, unsere Charakterzüge, und allem voran unsere Ängste und inneren Blockaden genauer zu betrachten. Denn unser kollektives Bewusstsein hat die Macht, uns zu beeinflussen, gerade bei Themen, bei denen wir ohne dieses Wissen nie einen Zusammenhang erkennen würden.

Was ist also das kollektive Gedächtnis? Die Überschrift gibt schon einen kleinen Hinweis, denn durch das kollektive Gedächtnis sind die tiefsten Erinnerungen in uns abgespeichert, auf einer Ebene, die uns selbst gar nicht mehr bewusst ist. Und diese Erinnerungen prägen uns, geben uns sogar entscheidende Charakterzüge mit auf unseren Weg.

Ganz vereinfacht gesagt, setzt sich das kollektive Gedächtnis aus gemeinsamen (=kollektiven) Erfahrungen, Erinnerungen und Traditionen einer Menschengruppe zusammen. Es bezieht dabei sowohl kulturelle als auch soziale Aspekte mit ein und stellt damit einen Zusammenhang zwischen diesen Aspekten aus Vergangenheit und Gegenwart dar.

Grundsätzlich können wir zwischen zwei Arten unterscheiden, die auf verschiedene Weise zustande kommen und abgespeichert werden.

Traditionen, Erfahrungen, Wissen und Eindrücke, die wir mündlich an andere weitergeben, bleiben etwa drei Generationen lang bestehen. Sie sind an einzelne bis wenige Menschen(gruppen) gebunden, weil sie von der Weitererzählung leben. Sie bilden *das kommunikative Gedächtnis*.

Die andere (und für unsere Geschichte bedeutendere) Gedächtnisform ist das *kulturelle Gedächtnis*. Hier abgespeicherte Informationen können über Jahrtausende bestehen bleiben und basieren weniger auf mündlicher Überlieferung, als vielmehr auf schriftlich oder bildlich weitergegebenen Erfahrungen, Wissen und Traditionen. Erfahrungen und Erlebnisse, die das Leben und die Menschen vor langer, langer Zeit geprägt und beeinflusst haben, wurden zu einem gemeinsamen Empfinden, einem kollektiven Bewusstsein, einem einheitlich empfundenen Weltbild. Zu solchen kollektiven Erinnerungen gehören beispielsweise sehr hochrangig eingeschätzte Ereignisse, wie Kriege, Unrecht, Not, Verfolgung oder Angst. Zustände also, die uns maßgeblich prägen, unseren Gefühlszustand stark beeinflussen und häufig ein Trauma auslösen. Unser Zeit- und Geschichtsbewusstsein und ein großer Teil unseres Selbstbildes bilden wir über das kulturelle Gedächtnis.

Lebt eine Gesellschaft oder eine Personengruppe über mehrere Generationen in großer Angst (beispielsweise aufgrund von Verfolgung), so brennt sich dieses Grundgefühl tief ins kollektive Gedächtnis ein und wird über die Zellen auf unbegrenzte Zeit an die Nachkommen weitergegeben. Auch wenn die kommenden Generationen in einer völlig angstfreien Zeit leben, ist das Grundgefühl 'Angst' abgespeichert und wird unbewusst abgerufen, wenn entsprechende Situationen auftreten.

Die generationsübergreifenden Wunden, die wir durch unsere kollektiven Erinnerungen auf DNA-Ebene mit uns tragen, konnten mittlerweile auch wissenschaftlich belegt werden. 2013 veröffentlichte das Discovery Magazine einen Artikel von Dan Hurley, einem mehrfach ausgezeichneten, amerikanischen Gesundheits- und Medizinjournalisten, zu diesem Thema:

„Nach den neuen Erkenntnissen der Verhaltensepigenetik bleiben bei traumatischen Erlebnissen in unserer Vergangenheit oder in der Vergangenheit unserer jüngsten Vorfahren, molekulare Narben an unserer DNA haften. Juden, deren Urgroßeltern aus ihren russischen Stetls (= Städtchen) vertrieben wurden, Chinesen, deren Großeltern die Verwüstungen der Kulturrevolution erlebten, junge Einwanderer aus Afrika, deren Eltern Massaker überlebt haben; Erwachsene jeder ethnischen Zugehörigkeit, die mit alkoholkranken oder missbräuchlichen Eltern aufgewachsen sind - alle tragen mehr als nur Erinnerungen mit sich.

Wie Schlamm, der sich auf den Rädern einer fein abgestimmten Maschine ablagert, nachdem das Meerwasser eines Tsunamis zurückgegangen ist, sind unsere Erfahrungen und die unserer Vorfahren niemals verschwunden, selbst wenn sie vergessen wurden. Sie werden ein Teil von uns, ein molekularer Rückstand, der an unserem genetischen Gerüst festhält. Die DNA bleibt die gleiche, aber psychologische und verhaltenstechnische Tendenzen werden vererbt." *(Anm.: frei übersetzt aus dem Englischen).*

Für uns Frauen und die weibliche Linie bedeutet das, dass die Erfahrungen, die unsere Ahninnen vor tausenden Jahren über eine lange Zeitspanne gesammelt haben, *in uns* abgespeichert sind. Auf unserer Zellebene sind Erinnerungen verewigt, die wir nicht selbst gesammelt haben.

Ich finde diesen Gedanken einfach unglaublich beeindruckend und machtvoll. Was für eine Verbundenheit diese Tatsache bedeutet, eine Verbundenheit mit all den Frauen, die vor uns da waren. Eine kaum greifbare Vorstellung, aber beim Gedanken daran sehe ich all diese Frauen hinter mir stehen und ich weiß, sie alle haben mir etwas mitgegeben, mich ein Stück weit geprägt. Ich sehe Frauen aus allen Zeiten, aus allen Schichten, und jeden Alters. Frauen, die ich nie gekannt habe und deren einzelne Geschichten ich nie erfahren werde. Fremde Frauen. Fremd bis auf diese entscheidende Tatsache, dass wir im ewigen Kreislauf verbunden sind, denselben Ursprung haben, dieselbe Quelle. Was für ein Gefühl der Stärke, das Vermächtnis all dieser Frauen in mir verankert zu wissen.

Unsere Sehnsucht resultiert letztlich auf dieser Fähigkeit unseres Gehirns, kollektive, gemeinsame Erfahrungen und Gefühle für uns aufzubewahren und sie uns zur Verfügung zu stellen. Denn eine unserer ältesten Erinnerungen - wenn nicht die älteste überhaupt - ist eben die an unser ursprüngliches Sein, als wir noch frei und wild und authentisch leben konnten und unsere ureigene Stärke Teil unseres Selbst war. Wir wissen somit auf tiefster Zellebene, wer wir eigentlich sind.

Und dahin wollen wir zurück, wir wollen (und müssen) diesen Teil unserer Geschichte wieder freilegen. Dass dies so schmerzhaft ist, liegt an der Heftigkeit, mit der uns der Zugang dazu genommen wurde, an der Grausamkeit, mit der all unser Wissen mitsamt uns selbst vernichtet wurde. An der Zeit der Hexenverfolgung, die ebenfalls als wesentlicher Bestandteil in unser kollektives Gedächtnis eingebrannt ist (im wahrsten Sinne des Wortes), und uns bis heute quält.

HEXENWUNDE

Die Hexenverfolgung ist uns allen ein Begriff, jede von uns hat Geschichten darüber gehört. Aber über die Hintergründe, und vor allem die Bedeutung, wissen die Allerwenigsten etwas. Wir gehen damit um, wie mit den meisten weit zurückliegenden Ereignissen, die uns selbst ja gar nicht betreffen: wir kümmern uns nicht weiter darum.

Mit dem Wissen über unser kollektives Gedächtnis, und auf unserem Weg, den Ruf in uns zu verstehen, dürfen wir diese grausame Zeit aber nicht als geschichtliches Ereignis abtun, sondern müssen sie ganz nah an uns heranlassen. Wir müssen verstehen, was damals passiert ist, was unsere Ahninnen über mehrere hundert Jahre erlebt haben und was sie uns darüber an Erinnerungen mitgegeben haben.

Die Trennung von unserem Ursprung, unserem tiefsten Wesenskern, fand seinen Anfang, wie schon beschrieben, in der Entwicklung des Patriarchats und erreichte mit der Erstarkung des Christentums seinen Höhepunkt. Es war kein Raum mehr für das weibliche Prinzip, die Quellen, aus denen Frauen schon immer ihre Kraft schöpften, waren dem Patriarchat ein Dorn im Auge, eine unkontrollierbare Macht, die sie eindämmen und beherrschen wollten. Anstatt die Weiblichkeit in ihrer Fülle wertzuschätzen, begannen die Männer, sie als gefährlich zu betrachten, als eine bewusst eingesetzte Manipulation durch Verführung.

Und so wurden die Frauen in all ihrer Stärke gänzlich verteufelt und dämonisiert. Sie wurden der Inbegriff für das Böse, das Teuflische, das verantwortlich gemacht wurde für die immer wieder auftretenden Hungersnöte der damaligen Zeiten. Wie schon erwähnt, stützte sich Papst Innozenz auf die Anweisung aus der Bibel, „Zauberinnen nicht am Leben zu lassen" (Exodus 22,18) und erteilte damit die Berechtigung zur grausamsten Frauenvernichtung der Geschichte, einem Holocaust an Frauen. Denn Zauberin und Hexe war in den Augen der Kirche *jede* Frau, *jede* konnte es jeden Tag treffen, es gab keine Richtlinien, keine besonderen Merkmale, keinen Schutz. Jede war ausgeliefert, abhängig vom Wohlwollen der Menschen um sie herum und in ständiger Furcht vor Verrat und Verhaftung. Hasspredigten schürten nach und nach auch im Volk den Glauben an das Böse in uns Frauen, und zum blinden Hass kam die Angst ums eigene Leben hinzu, was zu Verrat und Auslieferung aus den eigenen Reihen führte.

Wie weit das ging, zeigt ein Fall aus Augsburg, wo eine

Mutter von ihrer eigenen, elfjährigen Tochter angezeigt wurde. Frauen, Männer und selbst Kinder - keiner war mehr sicher und lebte in nie enden wollender, nackter Angst ums Überleben (über 80% der Opfer waren Frauen, aber es gab auch Fälle, in denen Männer der Hexerei beschuldigt wurden).

Auf Grundlage des 1486 von Heinrich Kramer verfassten Buches 'Hexenhammer', einer Anleitung für die Aufspürung und Verhaftung von Hexen, wurden hunderttausende Frauen gefangen genommen und gequält. Die sadistischsten Folterungen, die jemals erfunden wurden, wurden an den Körpern unschuldig verurteilter Frauen erprobt. Die Methoden, mit denen sie der Hexerei und dem Pakt mit dem Teufel überführt werden sollten, boten keine Chance auf Entlastung.

So gab es unter anderem das Hexenstechen, bei dem mit langen Nadeln überall in ihre Körper gestochen wurde, um das 'Teufelsmal' zu finden. Diese Nadeln waren häufig in stumpfen Silberstangen verborgen, denen nachgesagt wurde, Hexen entlarven zu können. Der Prüfer fuhr mit diesem Stab am Körper der Frauen entlang, um dann, unbemerkt, einen Knopf zu drücken, der die Nadel im Inneren frei setzte und diese tief in die geschundenen Körper stechen ließ. Natürlich brachte das die Frauen zum Schreien, was für die umstehenden Männer der Beweis für ihre rechtmäßige Verurteilung war - denn sie konnten ja offensichtlich nicht einmal eine harmlose, stumpfe Eisenstange ertragen, die nur am Körper entlangstrich.

Auch die Wasserprobe ist ein Beispiel für die völlige Chancenlosigkeit, die die Frauen nach einer Verurteilung erfuhren. Hier wurden sie gefesselt in einen Fluss geworfen, um festzustellen, ob sie untergingen oder auf dem Wasser schwammen. Im Fall, dass sie untergingen, waren sie unschuldig (aber folglich tot), andernfalls waren sie der Hexerei überführt und wurden hingerichtet.

Um ihnen ihre Sexualität auszutreiben, ihre böswillige Verführung, mit denen sie die Männer vom rechten Weg abbrachten, mussten sich die Frauen nackt auf glühende Eisenstühle setzen.

Ein Todesurteil aus Ettenheim vom 4. Mai 1654 gegen Ursula Faber lautet folgendermaßen: „Verbrennen und vorherige Pfetzung mit glühenden Zangen und Ausreißen der Brust." 1667 wurde Maria Stör zum grausamen Tod verurteilt: „Vors erste sollen büssen mit Leib und Leben, büssen dreimal mit glühenden Zangen gezwackt, erstlich eine Brust, zum andernmal die andere Brust, drittens sonsten am Leib ein Stück ausgerissen werden; der erste Zwack solle ihr vorm Thor, der andere beym Hähnle, der dritte bei der Wahlstatt geben, und alsdann darauf lebendig verbrennt werden".

Wir möchten am liebsten die Augen verschließen vor dieser

unsagbar grausamen Zeit, weil wir das schmerzhafte Echo der Erinnerungen tief in unserem Inneren spüren. Aber genau das müssen wir zulassen, um die Wahrheit unserer Geschichte in ihrer ganzen Tragweite zu verstehen und zu fühlen. Diese Geschichte in ihrer furchtbaren, nackten Wahrheit ist ein Teil unseres Lebens, und die Verletzung an der weiblichen Seele, die Hexenwunde, schmerzt uns bis heute.

Die Geschichte und das Schicksal der Hexen ist letztlich die Geschichte und das Schicksal von Frauen.

Ein Femizid.

Neben der Tatsache, dass die Vernichtung von mehreren zehntausend (!) Frauen europaweit (und vorrangig im heutigen Deutschland) eine Ausrottung unserer weiblichen Identität, unseres Stolzes, unseres Wissens, unserer Fähigkeiten, Überlieferungen und unserer ureigenen Geschichte mit sich zog, hat sie auch direkte Auswirkungen auf unseren Alltag. Du fragst Dich, wie das sein kann, in unserer modernen Welt, in der die Hexenverfolgung nur noch ein kleines Randthema im Geschichtsunterricht ist?

Frage Dich einmal, wie es für Dich ist, in einer Konfrontation Deine Stimme zu erheben, genau wissend, dass Dein Gegenüber nicht Deiner Meinung sein wird? Wie fühlt es sich an, ganz alleine mit einer Meinung im Mittelpunkt zu stehen, sie vertreten und verteidigen zu müssen? Kennst Du das Gefühl der Angst, für Deine Ansichten ausgeschlossen oder ausgelacht zu werden? Die Angst, vor Gruppen zu sprechen? Die irrationale Angst, ein Außenseiter zu sein, wenn Du Deinem eigenen Weg folgst?

Kennst Du es, dass Deine Stimme versagt, wenn Du in einer Gruppe laut und deutlich für Deine Meinung einstehen möchtest, etwas Wichtiges zu sagen hast?

Fühlst Du Dich vielleicht zu einer spirituellen oder heilerischen Tätigkeit hingezogen, hast aber Hemmungen dem nachzugehen, weil es sich auf unerklärbare Weise 'gefährlich' anfühlt?

Arbeitest Du gerne mit Kräutern, Energien oder sonstigen Dingen, die in unserer Gesellschaft verpönt sind, und machst diese Dinge lieber für Dich im Verborgenen, aus Angst vor Ablehnung und Verurteilung?

Woher kommt diese Angst und wovor genau hast Du eigentlich Angst?

Wir alle mögen Gefühle wie Verlegenheit, Zurückweisung, Ausgegrenztheit und andere negative Emotionen nicht, der eine fürchtet sie mehr, der andere weniger. Aber ist es auch möglich, dass unsere Angst tiefer geht? Könnte unsere Angst, gesehen zu werden, mit einer kollektiven Erfahrung verbunden sein, die seit Generationen von Mutter zu Tochter weitergegeben wird? Könnte die Hexenwunde und das Erbe des Geschlechtermordes zum Zwecke der Erstarkung des Patriarchats uns immer noch unbewusst davon abhalten, in unsere Stärke zu kommen?

Lisa Lister schreibt in Ihrem Buch 'witch', dass sie erst im Alter von vier Jahren sprechen lernte und über viele Jahre große Hemmungen hatte, vor Menschen zu sprechen. Durch eine Rückführung wurde ihr bewusst, dass sie in einem früheren Leben als Hexe verurteilt wurde und ihr die Zunge herausgeschnitten wurde.

Eine Frau, die ich auf einem meiner Seminare kennengelernt habe (das überhaupt nichts mit diesem speziellen Thema zu tun hatte), erzählte mir, dass sie bei einer systemischen Aufstellungsarbeit erfahren hat, dass sie in einer früheren Inkarnation als Hexe verbrannt wurde. Seitdem weiß sie um den Ursprung ihrer Angst vorm Feuer.

Ich selbst weiß durch die Arbeit mit einer wundervollen Schamanin, dass ich schon zu früheren Zeiten für die Weiblichkeit gekämpft habe und infolgedessen gefoltert und gepfählt wurde. Mit diesem Wissen weiß ich um die Hintergründe für meine Verletzungen und Operationen im Intimbereich, die während der Arbeit an diesem Buch, mit dem ich das Thema der Weiblichkeit nun in diesem Leben fortführe, aufgetaucht sind. Ich habe im Rahmen dieser schamanischen Arbeit gesehen und gespürt, was damals passiert ist, ich wurde zurück katapultiert an diesen Ort in Frankreich, an dem ich gefoltert und hingerichtet wurde. Ich habe mich selbst gesehen, und die vier anderen Frauen, die mit mir für diesen Kampf sterben mussten. Ich habe ihre Angst, ihre Verzweiflung, aber auch ihren unbeugsamen Stolz und ihre Loyalität mir gegenüber selbst im Anblick des Todes gesehen. Die Hexenverfolgung war meine eigene Geschichte und ich trage meine Wunde und die dieser anderen Frauen bis heute in mir. Meine Seele erinnert sich und reagiert jetzt in verkörperter Form meiner Verletzungen.

Für uns in der westlichen Welt liegen die Hexenverfolgungen Jahre zurück. Aber in anderen Teilen der Welt werden Frauen immer noch gefoltert. Beschneidungen, Ehrenmorde und systematische Vergewaltigungen sind Folterhandlungen, die auch heutzutage noch regelmäßig stattfinden. Wir haben das Glück, in einer Kultur zu leben, in der das nicht mehr vorkommt. Das bedeutet aber nicht, dass wir die kollektive Schwingung der Angst nicht spüren.

Und egal, ob wir zur Zeit der Hexenausrottung selbst als Hexe inkarniert waren und dadurch die Qualen der Folter und des Todes erlebt haben, oder ob wir die Erinnerung daran durch die gespeicherten Informationen unseres kollektiven Gedächtnisses mit uns tragen - wir sind geprägt durch diese Zeit und können möglicherweise mehr unserer Ängste und Glaubenssätze darauf zurückführen, als wir denken.

Wie negativ auch in unserer heutigen Gesellschaft noch das Wort 'Hexe' verankert ist, habe ich durch meinen kleinen Sohn feststellen müssen, dem ich erklärt habe, dass Hexen nur ganz normale Frauen waren. Dass es oft sogar ganz besonders weise, wissende Frauen waren. Dass es nur das Wort ist, was diese Frauen als böse erscheinen lässt. Am nächsten Tag hat er diese 'Neuigkeit' natürlich direkt weitergegeben und von Erwachsenenseite eine Antwort bekommen, die ihn ratlos gemacht hat. Und die mich erschüttert hat. Und gleichzeitig bestätigt.

„Wer hat Dir denn diesen Blödsinn erzählt?"

Tja. Das ist also der Stand, auf dem wir heute scheinbar sind. Unaufgeklärt über ein Thema, das die Kirche nur zu gerne unter den Tisch fallen lässt, denn eine Rechtfertigung hierfür gibt es wohl kaum.

Diese Antwort auf die Frage nach dem Holocaust im zweiten Weltkrieg würden wohl (hoffentlich) die wenigsten geben. Was aber den Femizid, also die systematische Vernichtung von Frauen im Zuge der Hexenverfolgung, betrifft, bin ich mir nicht so sicher, wie oft eben diese Antwort zu hören wäre. Und diese Tatsache, dass so viele in unserer modernen, westlichen Welt nach wie vor an die 'bösen Hexen' glauben, diesen Begriff nicht einmal überdenken und die Wahrheit dahinter suchen, zeigt, wie weit wir noch davon entfernt sind, unsere wahre weibliche Stärke und Natur wieder leben zu können.

Deswegen ist es Zeit, uns zu erinnern. Unsere Geschichte wieder zum Ursprung zurückzuführen. Zeit, um uns bewusst zu machen, dass es sicher für uns ist, stark zu sein.

'We can't change His Story

but we do get to rewrite Her Story.'

Rebecca Campbell

DIE KRAFT UNSERER NATUR

DEINE VERSTECKTE KRAFTQUELLE

'I bleed every month and do not die.

How am I not magic?'

Nayyirah Waheed

Was, wenn ich dir sage, dass eine Deiner größten Kraftquellen, der Zugang zu Dir selbst und damit auch zu einem ausgeglicheneren, 'runderen' Leben, direkt in Dir verborgen liegt? Dass es nur ein bisschen aufmerksamen Beobachtens und Umdenkens bedarf, um diese Quelle wieder freizulegen und zu nutzen? Sie ist nämlich nicht irgendwo in unseren tiefsten Zellen vergraben und muss erst Schicht für Schicht freigeschaufelt werden. Vielmehr wurde sie durch unser Leben in diesem linear aufgebauten Alltag zur Seite gedrängt, es war einfach kein Raum mehr für sie.

Ein Leben, in dem nur derjenige etwas wert ist, der immer

funktioniert, immer gleichbleibend Leistung bringt, und in dem das Motto 'Schneller, besser, weiter' keinen Raum lässt für die Ruhe, die stillen Zeiten, das Nachdenken, das Träumen. In dem hormonelle Schwankungen, (körperliche) Schwäche und mentales Ungleichgewicht unerwünschte Störfaktoren sind. Ein Leben, das so völlig entgegen der Natur aufgebaut ist. Völlig gegensätzlich zu unserer, Deiner Natur.

Wir sind als Frauen durch und durch zyklische Wesen und somit ist uns alles starre, lineare fremd und jeder Versuch, uns einem solchen System anzupassen, ist zum Scheitern verurteilt. Weil wir aber vergessen haben, wie wir eigentlich geschaffen sind, fühlen wir uns so häufig minderwertig, nicht stark genug, können uns selbst oft nicht verstehen und lassen uns wegen unserer Stimmungsschwankungen behandeln. Wir sind von uns selbst genervt, weil wir nicht verstehen, wieso wir uns von einem auf den anderen Tag so komplett anders verhalten, anders reagieren und wegen der kleinsten Gegebenheiten urplötzlich aus der Haut fahren und unser Gegenüber vor den Kopf stoßen, wo wir gestern noch verständnisvoll reagiert haben.

Du kennst es, dass Du Dich entschuldigst, wenn Du emotional geworden bist, oder wenn Du Deine Gefühle in ihrer vollen Bandbreite zum Ausdruck gebracht hast, stimmt's? Dass Du Deine Wut oft unterdrückst, weil Du Angst davor hast, als verrückt oder hysterisch betrachtet zu werden?

Die Lösung liegt aber nicht in Arztbesuchen und Tabletten für ein schwankungsfreies Gefühlsleben. Auch nicht in unserer so gerne gewählten Selbsttherapie durch Shopping, Essen, Drogen, und sonstigen Dingen, die unseren Schmerz betäuben und überdecken sollen. Genauso wenig in Selbstzweifeln und einem Damit-Abfinden, dass mit uns wohl irgendetwas nicht stimmt. Und erst recht nicht in ständigen Entschuldigungen dafür, wie wir sind. Denn nicht wir sind falsch für unser Umfeld, sondern unser Umfeld für uns. Die Lösung liegt direkt vor unseren Augen, wir müssen sie nur wieder öffnen für uns selbst.

Und wenn wir das tun, werden wir feststellen, dass wir ein wunderbares Spiegelbild der Natur sind. Wir sind ein ewiger Kreislauf, wir vereinen das gesamte Spektrum des Lebens in uns, Monat für Monat wiederholen wir diesen Tanz der Gefühle, der inneren Jahreszeiten. Wir sind so eng verbunden mit den zyklischen Abläufen der Natur um uns herum, und wenn wir wieder lernen, in diesem Rhythmus zu leben, ihn zu achten und den nötigen Raum dafür zu geben, dann öffnen wir uns für eine tiefe innere Kraft und Ruhe.

EMOTIONSZYKLUS

'Like the moon you are also

shifting into your next phase'

Spirit daughter

Wir sind Frauen. Wir sind nicht konsistent. Wir sind ein auf und ab - mental, emotional und psychisch. Wir gehen Monat für Monat durch verschiedene Phasen, eingebunden in unseren Zyklus und in die großen Zyklen um uns herum. Wir gehen täglich durch einen wahren Emotionszyklus. Und das ist genau so gedacht, denn

Gefühle sind unsere Superkraft.

Sag Dir diesen Satz ein paar Mal laut vor und lasse ihn tief in Dir wirken. Will alles in Dir laut Jaaaa schreien oder regt sich ein Widerstand? Weil Dir immer gesagt wurde, dass Du Deine

Gefühle im Griff haben musst? Weil man mit starken Gefühlen oder gar Gefühlsausbrüchen nicht durchs Leben kommt? Weil das Leben eben kein Ponyhof ist und nur die Starken Erfolg haben? Dass Du als Frau, wenn Du mithalten willst in dieser harten Welt, Deine weiche Seite abhärten musst? Dass Deine Emotionalität, Deine Verletzlichkeit, aber auch Deine aufbrausende, wilde Art versteckt und gezügelt gehört? Dass Deine Gefühlspalette einfach zu groß ist? Ja, unsere patriarchale Gesellschaftsstruktur hat ganze Arbeit geleistet. Wir haben uns einreden lassen, dass unser auf und ab der Gefühle eine reine Willenssache ist, die wir mit unserem Verstand steuern können und somit selbst schuld sind, wenn wir 'zu viel' empfinden oder uns regelmäßig erschöpft vom Alltag fühlen. Das ist schlicht und einfach falsch (und nur für die Pharmaindustrie die perfekte Lösung, die für jede Stimmungslage das passende Gegenmittel zu bieten hat).

Wir sind wie Ebbe und Flut.

Unsere Emotionen folgen diesem Rhythmus in Wellen.

So wie unser körperlicher Zyklus nicht nur aus diesen paar Tagen des Blutens besteht, besteht auch unser emotionaler Zyklus nicht nur aus angepassten, gemäßigten Gefühlen. Beides verändert sich unter dem täglichen Einfluss von verschiedenen Hormonen und folgt Monat für Monat einem naturgegebenen Rhythmus, der zu unserem ganz persönlichen, verlässlichen Kompass wird, wenn wir uns wieder mit ihm verbinden. Und genau dann, wenn wir verstanden haben, dass unsere Emotionen einem bestimmten Muster folgen, und wir wieder anfangen, sie dementsprechend zu achten, zu schätzen und willkommen zu heißen, dann werden wir ihr Potential erkennen, anstatt sie mit aller Macht zu unterdrücken.

Unsere Vorfahrinnen lebten in völliger Synchronität mit dem Mond, sie wussten, dass unsere Menstruation und unser ganzer Zyklus in engem Zusammenhang mit dem Lauf des Mondes steht. Heute sind wir in unserem ständig beschäftigten Alltag gefangen und haben verlernt, den Mond und seine Zyklen wahrzunehmen. Damit haben wir auch unseren Kompass verloren, der uns sagt, wann es Zeit ist, wild und mutig und voller Kraft mit der Flut zu gehen, und wann es an der Zeit ist, sich still und sanft zurückzuziehen, der Ebbe im Leben Platz zu machen.

Denn anstatt auch diese Zeiten der Ebbe, der Ruhe, der Zurückgezogenheit zu schätzen und in unser Leben zu integrieren, tun wir alles dafür, ständig die Wellen reiten zu können. Ein monatlicher Rückzug kommt einem Versagen gleich, und deswegen unterdrücken wir dieses Bedürfnis mit allerlei

Dingen, die uns ablenken sollen. Dadurch berauben wir uns selbst unserer tiefsten weiblichen Weisheit, die nur dann an die Oberfläche dringen kann, wenn wir bereit sind, unseren dunklen, weichen, verletzlichen Tagen Raum geben. Und uns selbst damit die Zeit, in unser Innerstes zu schauen, zu reflektieren, loszulassen und uns zu öffnen.

Im zweiten Teil des Buches schauen wir uns an, wie der Weg zurück zu einem tieferen Verständnis für unseren weiblichen Zyklus aussehen kann.

'thank you for helping me feel all of the feelings

that i am not used to feeling

as uncomfortable as they may be

thank you for reminding me to offer them up to the

light rather than banisihing them to the shadows

and that sometimes it is necessary to cut things back

so that come spring they can bloom an rise'

Rebecca Campbell

DIE WILDHEIT IN UNS

UNSERE WILDE FRAU

'Wenn Dir jemand Deine Freiheit verwehrt,

dann nimm Dir Flügel und Dein Schwert'

Haudegen

Als ich vor zwei Jahren ganz zaghaft begonnen habe, meinem inneren Ruf zu folgen, hatte ich keine Ahnung, wohin er mich führen würde. Ich hatte nicht einmal eine Ahnung davon, was mich da überhaupt ruft und was ich damit anfangen sollte. Dieses Gefühl, so tief und drängend und dabei gleichzeitig so vollkommen undefinierbar, war mir völlig fremd. Aber ich spürte, dass es wichtig war, hinzuhören. Elementar wichtig für mein Leben. Von Tag zu Tag wurde das Rufen in meinem Inneren stärker, unmöglich zu ignorieren. Und mit jedem Schritt, den ich auf diesem Weg bisher gegangen bin, fühlte es sich richtiger an, machte es mich stärker und gab mir eine bis dahin ungekannte Kraft und Sicherheit.

Bei verschiedenen Visionsreisen bin ich meiner wilden Frau begegnet und jedesmal hat mich das zutiefst berührt, fasziniert und genährt. Diese wilde innere Frau verkörpert all das, was wir verloren haben und was uns genommen wurde. Sie existiert in jeder einzelnen von uns, vergraben unter Schichten aus Ignoranz, Angst, Schuldgefühlen und Angepasstheit. Aber sie ist da. Dass wir uns von ihr getrennt haben bedeutet nicht, dass es sie nicht mehr gibt. Sie wartet. Und wir brauchen sie. Sie verkörpert all unser Wissen, unsere Weisheit und unsere weibliche Stärke, die die Welt so dringend braucht. Sie ist das pure Leben, tiefste Leidenschaft, Sinnlichkeit mit allen Sinnen, sie ist das Aufbegehren gegen Begrenzung, die Stimme, die nicht schweigt, sondern sagt was zu sagen ist; sie ist das Ungezähmte, Laute, Wilde, das Ungeschönte und das Echte. Sie ist die Sanftheit und die Schönheit, das Weiche, Leise, Wissende. Sie ist unser Ursprung und unser ganzes Sein.

In meinen Seminaren konnte ich sehen und spüren, wie sehr die Begegnung mit der wilden Frau uns alle bewegt. Diese Begegnungen geschehen nie emotions- und folgenlos. Von Tränen der Rührung bis hin zu purem Glücksempfinden - unsere wilde Frau kennt uns und trifft uns genau dort, wo wir am stärksten auf sie reagieren. Ich selbst war während meiner ersten Visionsreise und dem ersten Zusammentreffen mit meiner wilden Frau völlig verzaubert, hingerissen von ihrer Schönheit, ihrer

Selbstverständlichkeit, ihrer Würde und ihrer stillen Stärke. Und ich fühlte mich angekommen. Obwohl ich noch nie zuvor eine solche Visionsreise gemacht hatte (und zugegebenermaßen skeptisch war), war mir die Wahrheit dieser Begegnung mit einem Schlag völlig bewusst. Es war wie ein Nachhausekommen zu mir selbst. Und ich glaube, das ist es auch, was diese Begegnungen so emotional für jede von uns macht. Wir haben überhaupt keine Ahnung von der Existenz unserer wilden Frau, und dann stehen wir ihr plötzlich gegenüber und sind völlig fassungslos, weil wir schlagartig begreifen: Wir kennen sie. Sie ist uns vollkommen vertraut. Unsere Seele reagiert auf ihr Erscheinen. Es fühlt sich an, als wäre etwas schmerzhaft vermisstes endlich wieder zurückgekommen. Ohne dass wir überhaupt wussten (oder uns eingestehen wollten), dass wir etwas vermissen.

So viele von uns spüren diese Sehnsucht nach Tiefe, nach dem Sinn, der wilden Ursprünglichkeit, und scheuen sich doch davor, ihr nachzugehen und sie zu leben. Wir haben uns so weit von ihr entfernt, dass wir den Weg nur schwer erkennen können und überhaupt nicht wissen, in welche Richtung wir loslaufen sollen. Wir sind orientierungslos und spüren nach wie vor diese diffuse Angst vor Ausgrenzung und Verurteilung dafür, dass wir einen anderen Weg gehen, als es uns vorgelebt wurde.

Aber wenn Du den Ruf in Dir vernommen hast, dann lauf los.

Mach Dich auf die Suche nach Deiner wilden Frau. Es ist an der Zeit, Dir Deine Stärke und Weisheit zurückzuholen und Dich der Welt zu zeigen. Warte nicht, bis sich irgendetwas sicherer anfühlt bevor Du zeigst, wie Du wirklich bist. Folge der Spur, verbinde Dich wieder mit Dir, Deinem ureigenen Zyklus und Deiner wilden Frau, die nur auf Dich wartet.

> 'Wir sind die Enkelinnen der Hexen,
>
> die sie nicht verbrennen konnten.'
>
> Unbekannt

All diesen Frauen, die vor uns da waren, erweisen wir unsere Dankbarkeit und unseren Respekt, indem wir wieder aufleben lassen, was sie verzweifelt und machtlos hergeben mussten. Es ist Zeit, unsere Weiblichkeit wieder in vollem Bewusstsein, in voller Stärke, mit voller Überzeugung und mit dem Wissen darüber, wer wir wirklich sind, zu leben. Hinter uns stehen endlose Reihen unserer Ahninnen. In uns tragen wir die Weisheit und die Ursprünglichkeit unserer wilden Frau. Über uns steht der Mond, der uns führt und nach dem wir uns ausrichten können. Unter uns ist das pure Leben, das uns trägt und erdet und in dessen Zyklus wir uns selbst widerspiegeln.

Worauf warten wir also noch? Wir sind eingebettet in diesen großen Kreislauf, und es ist jetzt an uns, dem Ruf der viel zu lange unterdrückten Ur-Weiblichkeit zu folgen und unsere wilde Frau zu entfesseln.

TEIL II

ZURÜCK ZUM URSPRUNG

DEM RUF FOLGEN

UND DIE WILDE, WEISE FRAU ENTFESSELN

DIE RICHTUNG EINSCHLAGEN

'Her rising startet a (r)evolution'

Rebecca Campbell

Das Loslaufen in eine neue Richtung ist immer mit einem gewissen Risiko verbunden. Wir wissen nicht, wo es uns letztlich hinführen wird, aber wir sind uns bewusst darüber, dass es uns verändern wird. Kein Weg kann spurlos gegangen werden. Nicht für uns selbst und auch nicht für unser Umfeld, für die Menschen, die uns bis dahin begleitet haben.

Eine neue Richtung einzuschlagen bedeutet häufig, sie erst einmal alleine zu wählen und zu gehen. Den Mut zu haben, loszulaufen, ohne zu wissen, ob wir bei unseren ersten wackeligen Schritten von Unterstützung und Ermutigung, oder von Unverständnis und Ablehnung begleitet werden. Loszulaufen trotz dem Risiko, dass wir unser Umfeld vor den Kopf stoßen, irritiert angeschaut werden, vielleicht sogar belächelt oder für verrückt erklärt werden. Loszulaufen mit dem Wissen, dass am Ende des Weges möglicherweise nicht mehr alle Menschen hinter uns stehen, die es davor noch getan haben. Dass aber genau diejenigen noch da sein werden, die unser Innerstes kennen und schätzen (und wenn wir ehrlich sind, kommt es letztlich auch nur auf diese an).

Mir ist aus eigener Erfahrung bewusst, dass es gerade in unserer heutigen Zeit, mit dem Übermaß an spirituellen Angeboten, Kursen und Möglichkeiten, nicht einfach ist, die passende Richtung auszuwählen. Ich weiß aber auch, dass so viele Frauen gerade auf der Suche sind, spüren, dass etwas in ihnen erwacht, dass sich etwas ändert und dass sie selbst Teil dieser Veränderung sind.

Ich möchte mit diesem Buch Mut machen, loszulaufen. Ich möchte Richtungen aufzeigen, die alle zur selben Quelle führen. Letztlich gibt es für jede wunderbare Frau ihren ganz eigenen, passenden Weg auf dieser Suche nach ihrer wilden, ungezähmten, lustvollen inneren Frau. Ich bin aber auch überzeugt, dass es neben den vielen individuellen 'Abstechern' eine 'Hauptroute' gibt. Bestimmte Stationen sozusagen, die geradewegs von der Erfahrung direkt in unser tiefstes Unterbewusstsein führen und unsere kollektiven Erinnerungen zum klingen bringen.

Ich möchte Dich ermutigen, die folgenden Kapitel als Anregung und Inspiration zu betrachten. Sie beruhen auf Erfahrungen meines eigenen Weges, auf den ich vor zwei Jahren ebenfalls völlig intuitiv meinen ersten Schritt gesetzt habe. Ziehe einfach Deine eigene Wahrheit daraus, schaue und spüre in Dich hinein, was für Dich passt. Mit manchen Dingen kannst Du vielleicht überhaupt nichts anfangen, andere dagegen sprechen Dich auf tieferer Ebene an und lassen Dein Herz hüpfen. Nutze diese Themen dann für Dich. Verwende sie so, wie sie gerade in Dein Leben passen und vertraue darauf, dass sie ein erster Schritt auf Deiner Route sind, der wieder ganz neue Schritte nach sich ziehen wird und dass sich Dein Weg ganz ohne Dein bewusstes Steuern formen wird.

Alles Wissen, alle Weisheit liegt schon jetzt in Dir vergraben. Lass dieses Buch ein Werkzeug sein, sie wieder freizuschaufeln und in die Welt zu tragen. Für eine Welt, in der wieder eine Balance zwischen dem Weiblichen und dem Männlichen herrscht, in der wir wieder im Einklang mit den Rhythmen der Erde und unseren eigenen leben, in der wir wieder verbunden sind mit unserer Erde, der Mutter-Göttin und uns selbst. In der wir wieder in der Lage sind, unseren Wert in uns selbst festzumachen, anstatt ihn uns von außen vorgeben zu lassen. Eine Welt, in der wieder Raum für das heilig Mystische ist und in der wir miteinander unsere kollektiven Wunden heilen. In der wir die Angst und unser eigenes klein machen als Frauen aufarbeiten und wieder zu unserer naturgegebenen Stärke zurückfinden. In der uns Frauenkreise wieder ermutigen und Kraft schenken, und in der wir laut und wild und frei sein dürfen.

Eines kann ich Dir versprechen: Du bist für diese Suche und diesen Weg gemacht. Den Ruf zu hören und zu fühlen ist eine Aufforderung, loszulaufen. Und wenn Du auf dem Weg bist wirst Du spüren, dass es genau der Richtige ist. Dir wird es egal werden, ob jeder um Dich herum Deine Entscheidungen und Deine Veränderungen akzeptiert, weil *Du Dich richtig fühlst*. Und dieses Gefühl des endlich richtig seins wird Dich tragen und die Dinge um Dich herum immer klarer sehen lassen.

Lauf los und finde zurück zu Dir.

VOM MUT DIR SELBST GEGENÜBER

'Avoiding your triggers is not healing.

Healing happens when you are triggered

and you are able to move trough the pain,

the pattern and the story – and walk your way

to a different ending'

Vienna Pharaon

Jede Reise, auch wenn sie noch so sehr für uns bestimmt ist, fordert heraus und zeigt Grenzen auf (außer, wir buchen sicherheitshalber nur die all inclusive Reisen, aber dann dürfen wir auch kein Wachstum oder das wahre Leben erwarten).

Deine Entscheidung, dem Ruf hin zu Deiner Wildheit und damit hin zu Deinem innersten Kern zu folgen, wird Dich definitiv vor Hürden stellen, die zu überwinden Mut und Entschlossenheit erfordern. Denn gerade diese Reisen hin zu uns selbst zeigen uns auf ungeschönte Weise unsere Glaubenssätze auf, unsere einstudierten Schutzmechanismen, mit denen wir so oft unsere wahren Gefühle überspielen, unsere Schmerzen und Verletzungen, die wir mit uns tragen und die uns oft schon von früheren Generationen mitgegeben wurden. Wir sind plötzlich konfrontiert mit unserer eigenen Geschichte, die wir uns so gerne schön reden und die wir dann in ihrer vollen Tragweite erkennen müssen.

Sich selbst zu suchen heißt auch,

die nackte Wahrheit zu finden.

Das zu wissen und trotzdem loszulaufen, erfordert Mut. Mut Dir selbst gegenüber. Es ist nicht einfach, all die verschlossenen Seelenräume zu öffnen, hinter deren Türen wir nie schauen wollten. Wir alle wissen, dass es Bereiche in uns gibt, die wir verdrängt haben, weil sie uns Angst machen. Weil es zu sehr schmerzen würde, sie aufzuarbeiten. Und weil wir im Alltag ja auch ganz gut ohne sie klarkommen. Aber wie Vienna Pharaon im obigen Zitat so treffend sagt: Heilung kann nicht stattfinden, indem wir unsere Trigger, unsere wunden Punkte, ignorieren und vermeiden. Wenn wir wirklich unser Innerstes finden wollen und in voller Stärke in uns ruhend unser Leben leben möchten, dann führt kein Weg daran vorbei, sie an die Oberfläche zu holen. Wir müssen unsere gut bepflasterten Wunden freilegen, sie genau anschauen und den Schmerz ertragen. Nur dann können sie langsam heilen.

Und glaube mir, es ist es wert, diesen Schmerz zu wagen und durchzustehen. Denn wenn Du Dich selbst heilst, Stück für Stück, Wunde für Wunde, dann ist es, als würde eine Maske nach der anderen von Dir abfallen. Und übrig bleibst am Ende nur Du selbst, in Deiner reinsten, kraftvollsten Form.

Rechne damit, dass es wehtun wird, diese Masken abzulegen. Denn dann wirst Du gesehen werden, in all Deinen Facetten, *maskenfrei*. Jeder wird Dich erkennen können, in Deiner ganzen Wahrheit, Deiner *eigenen* Wahrheit, und mit allem, wofür Du stehst. Dieses Gefühl macht uns Angst, denn es erfordert so viel Mut, die Seele vor anderen zu entblößen und zu zeigen, wie wir wirklich sind. Und nicht jeder kommt mit diesem Wandel, dieser Veränderung klar, das muss uns bewusst sein. Aber sei es Dir selbst wert, maskenfrei und authentisch zu leben, anstatt immer jedem gefallen zu wollen.

Mir ging es so, dass ich immer eine große Scheu davor hatte, mich mit meinen Problemen vor anderen zu öffnen. Weil ich Angst davor hatte, dann möglicherweise eine Grenze zu überschreiten, ab der ich nicht mehr in der Lage sein würde, meine Emotionen und Reaktionen zu beherrschen. Und der Gedanke, vor einer fremden Person in unkontrollierbare Tränen auszubrechen, war absolut untragbar für mich. Das war der Grund, weshalb ich nie ein therapeutisches Gespräch wahrgenommen habe, auch wenn Themen aus meiner Vergangenheit geradezu danach schrien.

Hätte ich gewusst, dass mir bei meinem allerersten Frauenseminar genau das passieren würde - ich hätte mich vermutlich nie angemeldet. Aber ich wusste es nicht. Ich hatte überhaupt keine Ahnung, was auf mich zukommen würde, ich wusste nur, dass ich *unbedingt* dort hin musste. Ich spürte es einfach. Und es war genau richtig so, denn dieses Seminar zum Thema 'Wolfsfrau' hat mich unglaublich bereichert, genährt, gestärkt, herausgefordert, überrascht und aufgerichtet. Es hat Teile meiner Seele erreicht, die ich durch kein Gespräch, kein Buch und keinen Vortrag hätte spüren können. Es war genau diese tiefe, ehrliche Begegnung mit sechzehn anderen Frauen und unserer wunderbaren Seminarleiterin nötig, um die ersten Schritte auf dem Weg in mein Innerstes zu gehen. Und ja, ich habe an diesen drei Tagen gelacht und geweint. Ich habe geweint vor Frauen, die mir bis dahin fremd waren. Völlig haltlos geweint. Geweint, obwohl ich fünf Sekunden davor noch dachte, ich hätte meine Gefühle im Griff. Meine Seele hat sich

Raum verschafft. Weil der Raum perfekt dafür war. Inmitten dieser anderen Frauen, die mit mir geweint haben. Die meinen eigenen Schmerz aufgefangen und mitgetragen haben. Nie hätte ich das davor für möglich gehalten. Und wenn, hätte ich mich geweigert, mich darauf einzulassen.

Aber die wilde Frau hat ihre ganz eigenen Pläne mit uns. An diesem Tag hat meine wilde Frau entschieden, dass ich bereit bin für diesen Weg. Der auch durch die Dunkelheit führt. Der schmerzt und unüberwindbar scheint. Der uns aber auch zeigt, dass wir sehr wohl in der Lage sind, unsere (vermeintlichen) Grenzen zu überschreiten. Weil wir stark sind und die Weisheit von Generationen in uns tragen. Und weil unsere wilde Frau an unserer Seite geht.

Warte nicht. Zögere nicht. Wenn Du schon viel zu viele Tage aufgewacht bist, an denen Du unglücklich warst, wenn Du Dein Leben als schmerzhaft empfindest und wenn Du einfach *mehr für Dich* selbst möchtest, *mehr von Dir selbst*, dann hab keine Angst. Hör auf, Dir zu wünschen, dass die Dinge anders wären, oder dass Du irgendwann schon den Mut für eine Veränderung haben wirst.

Wir können die Dinge verändern.

Du kannst sie verändern.

Indem Du Dich auf Dich selbst einlässt, mit allem was dazugehört, und die starke, selbstbewusste, ermächtigte Frau in Dir zurück ins Leben rufst.

RÜCKVERBINDUNG MIT DEINEM ZYKLUS

DIE VIER STUFEN

'Society teaches me to be linear.

But the moon reminds me i am cyclical'

Hera Morgan

Im ersten Teil des Buches habe ich Dir schon einiges über die Verbindung zwischen dem Mondzyklus und unserem weiblichen Zyklus erzählt. Der zweite Teil soll Dir helfen, diese Verbindung wieder aufleben zu lassen, sie in Dein Leben und in Deinen Alltag zu integrieren. Vermutlich läuft Dein Zyklus bislang eher sehr nebensächlich ab, und bis auf Deine Menstruation nimmst Du ihn nicht wirklich wahr. Du ärgerst Dich höchstens noch über Dein Gefühlstief an den Tagen bevor Deine Blutung einsetzt. So geht es heutzutage leider den meisten von uns. Dafür lähmen uns diese Tage dann meist ganz besonders, emotional und körperlich.

Wir müssen wieder damit anfangen, unseren Zyklus ganzheitlich zu betrachten, ihn nicht auf diese paar nervigen, einschränkenden Tage zu reduzieren. Jeden Monat haben wir die Chance, das Beste aus jeder Phase herauszuholen, sie in ihrer jeweiligen Stärke und Fülle komplett für uns zu nutzen. Wir müssen nur unsere eingefahrene Denkweise ablegen und erkennen, dass mit 'Stärke und Fülle' nicht immer das gemeint ist, was wir in unserer Leistungsgesellschaft ständig einfordern. Dass sie sich nicht immer in (körperlicher) Produktivität ausdrückt. Stärke und Fülle können auch Ruhe und in sich gekehrt sein bedeuten. Aus der Stille können wir häufig die größte Kraft und Weitsicht schöpfen.

So wie der Mond, gleiten auch wir täglich durch eine neue Phase unseres Zyklus. Und entsprechend dem Mondzyklus wandelt sich der weibliche Zyklus ebenfalls von der Grundstimmung des 'Neu-wachsens' in der Zeit vor dem Eisprung, über die 'Volle Power' während dem Eisprung, hin zur prämenstruellen Phase des 'In-sich-kehrens' und schließlich des 'Loslassens' mit der Menstruation.

Betrachte die folgende Darstellung des Mondzyklus als Einladung, Dich zu erinnern, auf tiefer Ebene, und so wieder Kontakt zu Deinem Zyklus aufzubauen.

Wachsender Mond - Vor dem Eisprung - Frühling

Der Mond wächst vom Neumond hin zum Vollmond. Er füllt sich langsam auf, wird runder, (kraft)- voller. Für uns ist das die Zeit nach der Menstruation und vor dem Eisprung. Energetisch, psychisch und körperlich gereinigt, sind wir jetzt in einer Phase des inneren Frühlings, des Aufblühens, wir wenden uns wieder dem Leben und der Lebendigkeit zu.

Wir fühlen uns stark, unabhängig, hoffnungsvoll, voller Energie und motiviert. Wir sehen in allem Potential, sind voller Selbstbewusstsein. Es ist die Zeit, um neue Projekte anzugehen, Ideen umzusetzen, neue Leute zu treffen und Zukunftspläne zu spinnen.

Schreib Dir Deine Träume in dieser Zeit auf, erstelle eine Wunschliste und halte Deine Pläne fest. In dieser Zeit gibt es gefühlt kein Limit. Nutze dieses Empfinden, um Dich später an Deine Visionen zu erinnern und zu wissen, dass Du sie umsetzen kannst.

Vollmond - Eisprung - Sommer

Der Mond steht rund und voll am Himmel. In seiner ganzen Kraft strahlt er am Himmel, ist präsent und zieht alle Blicke auf sich.

Die gleiche anziehende, magnetische Wirkung haben wir in dieser Phase häufig auf unser Umfeld (und ganz besonders auf die Männerwelt). Mit unserem Eisprung fühlen wir uns unbesiegbar und mitten im Leben stehend. Wir strahlen von innen heraus und empfinden uns während dieser Zeit schön und voller Energie. In uns herrscht der pure Sommer mit all seiner Leichtigkeit und Hitze. Wir sind bereit, Leben zu empfangen und drücken das an diesen Tagen durch unsere Schöpferkraft aus. Wir gestalten, bringen Ideen zu Ende, sind kreativ und einfallsreich. Unsere Geduld ist größer als sonst, wir haben ein großes Herz und schöpfen aus unserer ganzen Fülle heraus. Unser sexuelles Verlangen ist offensiv und körperlich geprägt, lustvoll und ehrlich.

Es ist die Zeit, um Deine Pläne und Deine inneren Sehnsüchte anzupacken und sie Wirklichkeit werden zu lassen. Du bist jetzt perfekt darin, zu organisieren, Vorträge zu halten, ein Buch zu schreiben, Diskussionen zu führen, vor denen Du Dich ansonsten drückst, und all die verrückten Dinge zu tun, die in Deinem Herzen sind.

Abnehmender Mond - Prämenstruation - Herbst

Der Mond gibt langsam wieder von seiner Fülle ab, seine runde Form weicht dem Halbmond auf seinem Weg zum Neumond.

Es ist die Zeit, in der wir auf dem Weg sind, unserer wilden, weisen Frau zu begegnen, uns für unsere Intuition zu öffnen. Wir kehren uns vermehrt nach innen, äußere Einflüsse und Reize werden zunehmend uninteressanter, wir konzentrieren uns mehr auf uns selbst. Aus dem überschäumenden Leben während unserer Eisprungtage heraus, wird uns jetzt die Ruhe wichtiger. Wir sind bereit, uns zu erden, ganz bei uns zu sein. Unsere Geduld für die Hektik, Schnelligkeit und Lautstärke um uns herum wird kleiner; häufig reagieren wir hier gereizter und unwirscher als noch einige Tage zuvor. Wir möchten uns die Ruhe ermöglichen, die uns unser Körper signalisiert, und uns wie der Mond zurückziehen. Entsprechend dem Herbst lassen wir langsam los, ziehen uns in die wohlige Wärme zurück.

Diese Zeit ist eine Phase der intensiven Gefühle. Auch - und vor allem - der dunkleren Gefühle, die sich hier in dieser Zurückgezogenheit und Ruhe Platz verschaffen möchten. Es ist die beste Zeit, um Dinge loszulassen, die Dich blockieren und quälen. Zeit, zu reflektieren, zu überdenken und Dich wieder auf Dich zu fokussieren. Somit ist es auch der Zeitpunkt, um ungesunde Beziehungen zu beenden oder ein Arbeitsverhältnis zu kündigen, das Dir schon lange nicht mehr gut tut.

Gib Deinen Gefühlen und Deiner Intuition Raum an diesen

Tagen. Höre hin. Drücke sie aus, auf jede Weise, die Dir in den Sinn kommt. Tanze, schreibe, zeichne, singe oder tue sonst etwas, das Dir hilft, diese Gefühle nach außen zu tragen und sie zur Leidenschaft zu transformieren. Gönne Dir Rückzug, wann immer Dir danach ist und soweit es Dir möglich ist. Schütze Deine Grenzen und schätze Deine tiefen Emotionen in dieser Zeit. Wohl wissend und darauf vertrauend, dass sie der Grundstein für neues Wachstum sind.

Neumond/Dunkler Mond - Menstruation - Winter

Der Mond steht jetzt genau zwischen Erde und Sonne und ist damit für uns nicht mehr sichtbar. Er hat sich komplett zurückgezogen.

Auch für uns ist es die Zeit des kompletten Rückzugs, des Winters. Alles in uns sehnt sich nach Ruhe, nach fallen lassen, Wärme und Entschleunigung. Es ist eine wunderbare Zeit, um Klarheit über die Zukunft zu gewinnen und um Altes endgültig loszulassen (hierbei hilft auf sehr schöne Weise auch ein passendes Ritual, schau dazu gerne im Kapitel 'Rituale & Bräuche aufleben lassen' nach).

In dieser Phase liegt unsere größte Kraft und Weisheit verborgen. Hör auf, Dir einzureden, dass Du körperlich aktiv sein musst um produktiv zu sein. Höre stattdessen auf Dein Bauchgefühl, Deine Intuition in dieser Zeit und vertraue darauf, dass Du danach umso kraftvoller in Deinen neuen Zyklus starten wirst.

DEN ZYKLUS WIEDER INTEGRIEREN

'Wir wissen, dass wir mit jedem Zyklus

etwas in unser Leben gebären können,

ganz gleich, ob es eine Idee, ein Gedicht, ein Lied,

ein Bild oder das Leben selbst ist.'

Tala Mohajeri

Wenn wir aufhören, unseren Alltag und unsere Arbeitsweise geradlinig und männlich orientiert zu strukturieren (was bedeutet, Tag für Tag dasselbe zu tun, in festgelegter Reihenfolge, zu bestimmten Zeiten und für eine bestimmte Zeit), und stattdessen beginnen, wieder unserem natürlichen Ebbe-Flut-Rhythmus zu folgen, dann werden wir zunehmend geerdet und gestärkt durchs Leben gehen. Dieser Gedanke mag sich vielleicht erst einmal fremd für Dich anfühlen, weil Du es einfach nicht anders kennst. Wir sind es so sehr gewohnt, unserem täglich gleich verlaufenden Job nachzugehen, ungeachtet unseres (zyklischen)

Befindens, dass wir uns nichts anderes vorstellen können. Und es ist ja auch tatsächlich nicht einfach, aus diesem System auszusteigen. Unsere Gesellschaft und unsere Arbeitsstellen sind leider in den allermeisten Fällen zu unflexibel, zu starr, um sie an unseren Rhythmus anpassen zu können. Und mir ist bewusst, dass nicht jede von uns ihren Job einfach so kündigen kann, um mit sich im Einklang zu leben.

Aber wenn Du Dich kennenlernst, Deine Höhen und Tiefen die Du jeden Monat durchläufst, und immer mehr erkennst, wie alles in Dir damit verwoben ist, dann wird es Dir zunehmend ein Bedürfnis sein, Dein Umfeld daran anzupassen. Und dann wirst Du Möglichkeiten finden, seien sie anfangs auch noch so klein, um Dir selbst Stück für Stück entgegen zu kommen.

Vielleicht kannst Du Deinen Alltag und Deine Arbeitszeiten so planen, dass Du an den Tagen vor und während Deiner Menstruation, wenn sich Dein Körper nach Rückzug und Entschleunigung sehnt, mehrere kurze Pausen einlegst, oder aber Deine reguläre Pausen nutzt, um in die Natur zu gehen. Auch eine halbe Stunde draußen, ohne Unterhaltung mit Kollegen, ohne Lärm und ohne den Druck, präsent sein zu müssen, kann schon helfen, zu entspannen. Eine halbe Stunde ohne künstliches Licht und klimatisierter oder beheizter Luft um Dich herum. Vielleicht hast Du ja auch die Möglichkeit, an einigen Tagen im Monat von zu Hause aus zu arbeiten oder Deinen

Überstundenabbau auf die Tage Deiner Menstruation zu legen.

Wenn Dich ein bestimmter Geruch erdet, Dir Ruhe schenkt, dann nutze diesen in Form einer Kerze oder eines Räucherstäbchens. Eine schöne Alternative für den Arbeitsplatz ist eine kleine Duftschale mit ätherischen Ölen.

Schaffe Dir in Deinem Zuhause Rückzugsorte. Umgib Dich mit Dingen, die sich gut anfühlen. Düfte, Lichter, Geräusche; passe sie Deiner Stimmung und Deinem Bauchgefühl nach an.

Als Mama ist es häufig schier unmöglich, sich solche Ruheinseln im Alltag zu schaffen, was teilweise bis an die Grenzen fordern kann. Wenn es die Möglichkeit für Dich gibt, Deine Kinder einige Stunden von Großeltern, Freunden oder dem Partner betreuen zu lassen, dann nutze diese Gelegenheit an den entsprechenden Tagen. Plane das schon im Voraus ein. Schaue im Kalender, wann Deine Tage des Rückzugs kommen werden und organisiere rechtzeitig eine freie Zeit für Dich. Nutze diese dann auch *nur für Dich*. Ich weiß aus eigener Erfahrung, wie schnell diese Stunden plötzlich vorüber sind und ich sie dann doch ausgefüllt habe mit 'schnell' noch kurz aufräumen und Wäsche machen.

Sei es Dir selbst wert,

Dich an die erste Stelle zu stellen.

Je tiefer Du Dich mit Deinem Zyklus verbindest, desto tiefer verbindest Du Dich automatisch mit Deiner Intuition, Deinen inneren Kräften und Deinem Wissen. Das macht es Dir möglich, in größerer Balance zu leben und Deine Energien zur richtigen Zeit zu nutzen.

Stell Dir einmal Deinen Alltag vor, in dem Du genau weißt, wann Du was am besten umsetzen kannst. Wann die Zeit ist, um Pläne zu schmieden, Deinen ganzen Monat gedanklich zu gestalten und zu organisieren. Ein Leben, in dem Du Deine wichtigen Gespräche, Vorträge und alle sonstigen Dinge, die Deine klare Kommunikation und Präsenz erfordern, auf Deine zyklische Power-Phase legst. Und in dem Du Dir bewusst und ohne schlechtes Gewissen Ruhe einräumst, um Dich wieder aufzufüllen und die Dinge intuitiver und weitsichtiger erkennen zu können. Stell Dir vor, wie unglaublich bereichernd und positiv sich das nicht nur auf Dich, sondern auch auf Deine Familie, Deine Arbeit und Deine Beziehungen auswirken würde.

Um wieder ganz konkret einen Zugang zu Deinem eigenen Rhythmus zu bekommen, empfehle ich Dir, ein Zyklustagebuch zu führen. Beobachte Deinen Zyklus einmal ganz genau, Deine Stimmungen, Deine Empfindungen, Deine Bedürfnisse. Wann gibst Du ihnen Raum, und wann übergehst Du sie? Wie fühlt sich das jeweils an? Was sagt Dein Bauchgefühl, spürst Du es noch? Kannst Du ihm nachgeben oder fordert der Alltag das Gegenteil? Was empfindet Dein Körper? Hast Du Schmerzen, Übelkeit, bist Du schlapp oder voller Energie? Spürst Du Deinen Eisprung als Ziehen in der Mitte Deines Zyklus? Wie lange blutest Du, wie sieht Dein Blut aus? Hast Du es Dir überhaupt schon einmal genauer angeschaut oder fängst Du es so diskret und unauffällig wie möglich auf?

Schreibe Dir alles auf, vergleiche die Zyklen miteinander. So wirst Du Parallelen feststellen, die sich jeden Monat wiederholen. Deinen eigenen Ebbe und Flut Rhythmus. Werde vertraut mit ihm, dann kannst Du Dich auf die jeweiligen Phasen einstellen und ihnen vorbereitet und mit Freude entgegentreten.

Mein eigener Zyklus war jahrelang komplett losgelöst vom Mondzyklus. Um ehrlich zu sein, hatte ich überhaupt keine Ahnung davon, welche Verbindung ich zu diesem schönen Planeten habe. Als ich begonnen habe, mit meinem Zyklus zu arbeiten, habe ich auch ganz bewusst auf den Mondzyklus geachtet. Und feststellen müssen, dass unsere beiden Zyklen völlig asynchron verlaufen. Ich blutete irgendwann zwischen Neu- und Vollmond, mein Eisprung fiel entsprechend auch überhaupt nicht mit dem Vollmond zusammen. Ich wünschte mir aber, diese Synchronität, diese Zusammengehörigkeit, wieder herzustellen, weil es sich einfach richtig und stimmig für mich anfühlte.

Ich begann also, den Mond zu beobachten. Ich schenkte ihm bewusst Aufmerksamkeit. Ich kaufte mir einen Mondkalender, der mich seitdem immer daran erinnert, in welcher Phase der Mond gerade über mir steht. Parallel dazu schenkte ich auch meinem eigenen Zyklus wieder mehr Beachtung, wurde neugierig, anstatt ihn nur auf meine Menstruation zu reduzieren und diese so schnell wie möglich hinter mich bringen zu wollen. Nachts ließ ich den Rolladen nur halb herunter, um das natürliche Mondlicht noch fühlen zu können.

Innerhalb von nur vier Monaten pendelte sich mein Zyklus genau auf den Mond ein. Das war und ist für mich einfach pure Magie, Weiblichkeit in seiner reinsten Form. Und es bestätigt die ganze Weisheit und das Wissen, das unsere Vorfahren gelebt haben. Auf den Tag genau entspricht mein Zyklus nun den Phasen, die ich im letzten Abschnitt aufgezeigt habe, und so kann ich körperlich und emotional komplett in diesem äußeren Rhythmus mitschwingen, mich in ihm wiederfinden.

Wenn wir unserem inneren Rhythmus wieder folgen, erkennen und verstehen wir endlich, dass nicht jeder Tag für alles, was wir uns vornehmen, geeignet ist, dass es nicht *den einen* passenden

Weg gibt zu arbeiten, zu essen, Gespräche zu führen, Sex zu haben und so weiter. Wir verstehen endlich, dass wir in jeder Phase andere Bedürfnisse, Wünsche und Prioritäten haben. Dass unsere Energien und Hormone ständig variieren.

Wir hören endlich auf, uns schlecht zu fühlen, weil wir beim Lauftraining kurz vor unserer Menstruation zwei Minuten langsamer waren als noch eine Woche zuvor. Stattdessen tut uns vielleicht eine sanfte Yoga oder Tanzeinheit an diesen Tagen gut. Und wir laufen dafür eine Woche später wieder unsere neue Bestzeit. Wir können das *endlich akzeptieren*. Weil wir wieder im Flow sind, verbunden mit uns selbst.

... UND LIEBEN LERNEN

'The womb is not a place to store fear and pain.

The womb is a place to create and give birth to life'

Ritus der Munay-Ki

Den Zyklus zu akzeptieren mag sich noch machbar anhören. Aber lieben? Davon sind die allermeisten Frauen Lichtjahre entfernt. Und das hat ganz viel damit zu tun, dass leider sehr viele von uns eine schmerzvolle Menstruation erleben. Eine Woche jeden Monat mit Krämpfen, Übelkeit und Schmerztabletten. Kraftlos und schlapp schleppen wir uns natürlich trotzdem zur Arbeit und versorgen unsere Kinder, obwohl wir uns eigentlich so richtig krank fühlen. Von Liebe zu den Tagen kann hier also wirklich keine Rede sein.

Woher kommen aber unsere Schmerzen, die uns Monat für Monat so quälen? Und ist es wirklich so gedacht? Oder stecken hier vielleicht viel tiefer liegende Ursachen dahinter? Ich glaube, dass sich unsere Gebärmutter während der Menstruation aus zwei Gründen bemerkbar macht. Und dass wir einen davon tatsächlich liebevoll in uns integrieren und wirken lassen sollen und dürfen, den anderen aber auf kollektiver Ebene heilen müssen.

Dieser zweite Grund hat nämlich nicht nur mit uns selbst zu tun, sondern greift viel tiefer. Die starken Schmerzen, die wir spüren, sind nicht nur unsere eigenen, und sie sind nicht nur rein körperlich bedingt. Unsere Gebärmutter ist unser weibliches Zentrum, hier liegt die Essenz unserer Kraft. Unsere Gefühle und Empfindungen werden hier in besonderer Weise abgespeichert. Sie reagiert auf Stress und Angst genauso wie auf Freude und Lust. In ihr entsteht neues Leben und sie gibt den Impuls, dieses Leben auf die Welt zu bringen. Sie ist der Sitz unserer Weiblichkeit. Und diese Weiblichkeit wurde über Jahrtausende unterdrückt, gequält, verfolgt, erniedrigt und entmachtet. Der tiefste Schmerz im weiblichen Kollektiv liegt in unserer Gebärmutter begraben.

Wir tragen sie konstant in uns, diese Verletzungen und Schmerzen, die wir von Generationen übernommen haben. Während der Menstruation werden sie Realität für uns, weil sie sich komplett verkörpern. Unsere Gebärmutter bäumt sich auf unter all der unterdrückten Wut, der anerzogenen Scham und den Grausamkeiten unserer Ahninnen, die gezwungen waren, ihre Sexualität, ihre Stärke, ihre Wut und ihre Stimme zu unterdrücken. Ihr Frau sein zu unterdrücken. Es ist der Schmerz der Weiblichkeit, die unsere Aufmerksamkeit auf sich lenken möchte.

Es ist so wichtig, dass wir diese alten Schmerzen heilen. Indem wir uns wieder auf unsere Weiblichkeit besinnen, sie begreifen lernen und Schritt für Schritt wieder leben, befreien wir auch unseren Körper von den alten Lasten. Es gibt mittlerweile auch wundervolle Angebote für Schoßraumheilungen und spezielle Frauenmassagen, die bei der Auflösung alter Schmerzen helfen können (und auch bei all den Schmerzen, die wir uns durch unseren schamvollen und häufig auch erniedrigenden Umgang mit unserer eigenen Sexualität aufgebürdet haben).

Andererseits - und das ist der Aspekt, den wir liebevoll betrachten sollten - spiegelt uns unsere Gebärmutter mit ihrem Ziehen und dem sanften Schmerz (der übrig bleibt, wenn wir uns vom Kollektivschmerz befreit haben) das zyklische Loslassen. Wir lassen in diesen Tagen körperlich in Form unseres Blutes los, und auf Seelenebene in Form der sich ständig wiederholenden Integration des Wissens über diesen Kreislauf, der auch Schmerzhaftes mit sich bringen kann.

Wir werden an diese Notwendigkeit des Loslassens jeden Monat erinnert, weil es unserer weiblichen Natur entspricht. Loslassen bedeutet in den allermeisten Fällen Überwindung, Schmerz und auch Trauer. Es kann aber auch einen Neuanfang mit sich bringen, der den Schmerz letztlich in den Schatten stellt. Unsere Gebärmutter symbolisiert uns diesen ewigen Kreislauf an diesen Tagen in körperlicher Form.

Es lohnt sich also, genauer hinzuschauen und zu hören, was uns unser Körper sagen möchte. So wird es uns nach und nach möglich, unseren Zyklus wieder zu lieben und unseren Schoßraum als das zu feiern, was er ist: die Essenz unserer Weiblichkeit.

'Eine Frau, die in ihrem Schoß erwacht, erblüht in ihrer Weiblichkeit. Sie fühlt sich tief verbunden zu Mutter Erde, zum Leben, zur Quelle allen Seins. Weibliches Wissen wird fühlbar. Ihr Selbstwert beginnt von innen her zu leuchten. Die Sexualität gewinnt an spiritueller Tiefe. Das Lachen geht in ihr auf. Sie wird zu einem wärmenden Pol in der Welt, zu einer Quelle der Liebe.'

Mayonah Bliss

DIE ERWECKUNG DER WEIBLICHEN INTUITION

DIE INNERE STIMME WIEDER HÖREN

'Möge Dein Vertrauen in die wahre Kraft

Deiner inneren Stimme größer sein

als in die schwächende Stimme Deines

geschwätzig geprägten Verstandes.'

Urkraftweberin, Evi Schwarz

Wenn es darum geht, Entscheidungen zu treffen, handeln die wenigsten von uns aus dem Bauch heraus. Uns wurde von Anfang an beigebracht, den 'Kopf einzuschalten' und mit dem Verstand zu entscheiden. Wir versuchen im aktiven Tun, Karriere zu machen, und sogar unser Muttersein gestalten wir häufig sehr strukturiert, indem wir uns mit endlosen Checklisten darauf vorbereiten, obwohl gerade das eine der intuitivsten Handlungen im Leben als Frau darstellt. Wir sind hier also sehr im männlichen Anteil unserer Energie gefangen, obwohl die Intuition unsere ursprünglichste (und verlässlichste) Quelle zur Entscheidungs- und Richtungsfindung ist. Leider liegen unsere intuitiven Wurzeln aber sehr tief vergraben, sind verschüttet unter Schichten aus Angst, Scham und Erziehung - zusammengefasst also unter unserer Hexenwunde.

Intuitives Empfinden wird schon immer uns Frauen zugeschrieben, früher als eine der wertvollsten Gaben, die eine Frau in ihre Gemeinschaft einbringen konnte. Über die letzten Jahrhunderte haben wir den Zugang zu dieser angeborenen Fähigkeit leider fast vollständig verloren, wir haben ihn notgedrungen von uns abgeschnitten, weil wir für diese Gabe verfolgt und gequält wurden. Der Intuition zu folgen war über lange, lange Zeit keine sichere Art mehr, um zu überleben. Wir mussten uns (an das Männliche) anpassen, um nicht aufzufallen und keinen Argwohn zu wecken. Unser innerstes Gefühl blieb dabei auf der Strecke, die intuitiven Impulse wurden so lange unterdrückt, bis unser kollektives Bewusstsein sich auf dieses Verhalten eingestellt hat. Und genau so leben wir auch heute noch. Vom Verstand statt vom Gefühl geleitet. Zumindest oberflächlich.

Unter dieser Oberfläche regt sich sehr wohl oft dieser 'erste Impuls', tief in unserem Inneren. Wir erlauben uns nur nicht mehr, auf ihn zu hören, ihn überhaupt richtig wahrzunehmen. Wir ersticken ihn quasi im Keim, indem wir sofort mit logischen, überlegten Handlungen reagieren. Um uns dann später über uns selbst zu ärgern, weil wir es doch eigentlich besser gewusst haben. Die Frage ist nun, wieso wir uns unserem Bauchgefühl gegenüber so vehement verschließen.

Den ersten Grund habe ich oben schon kurz angesprochen: wir haben es schlicht und einfach verlernt. Geh in Deinen Gedanken nur mal ein paar Generationen zurück, zu Deinen Urgroßmüttern, deren Müttern und zu denen davor. Stell Dir ihr Leben vor, die gesellschaftlichen Umstände, in denen sie lebten. Alleine die Generation unserer Großmütter und Urgroßmütter war alles andere als frei und pro-weiblich. In der Zeit des Dritten Reiches mussten die Frauen ihre Kinder zu absolutem Gehorsam erziehen, strikt nach Regeln. Gefühle waren verpönt und wurden schon im Säuglingsalter durch konsequentes Ignorieren des weinenden Babys abtrainiert (was im Übrigen ein absolut grausames Unterdrücken des Mutterinstinktes darstellt).

Auch die Generationen davor lebten fernab jeglicher Freiheit, das Patriarchat herrschte strenger denn je. Einzige Aufgabe der Frauen in dieser Zeit war es, ihrem Mann zu gehorchen, die Kinder großzuziehen und 'anständig' zu sein. Kein Raum also, um dem eigenen Gefühl, den eigenen Wünschen und Eingebungen zu folgen. Noch ein Stückchen weiter zurück landen wir dort, wo die weibliche Abwärtsspirale langsam begonnen hat, in der Zeit, in der alles, was uns ausmachte, vernichtet wurde.

Es muss uns also nicht wundern, dass wir heutzutage nicht mehr wissen, welche wertvolle Gabe wir besitzen, und vor allem, wie wir sie abrufen können. Wir hatten schließlich keine Lehrer dafür, keine Frau, die uns an die Hand nahm und vorlebte, wie wir unsere Intuition einsetzen können. Wo es hätte heißen sollen 'Hör auf Dein Bauchgefühl, das irrt sich nie', hörten die meisten von uns elterliche Ratschläge nach dem Motto 'Benutze Deinen Kopf zum Denken'. Und so irren wir ratlos und suchend umher, spüren, dass wir diese Rückverbindung zu unserem Innersten wieder finden wollen, und wissen nicht, wie.

Und damit kommen wir direkt zum nächsten Punkt, wieso wir unserem Bauchgefühl so häufig nicht vertrauen. Wir sind einfach unsicher. Wir kommen uns komisch vor, wenn wir in einer Situation, in der jemand eine Entscheidung von uns verlangt, keine belegbaren, verständlichen Fakten für unsere Begründung vorweisen können. Einfach zu sagen, 'Mein Gefühl spricht dafür/dagegen', trauen wir uns häufig nicht, insbesondere im Berufsleben. Wir haben Angst, ausgelacht oder als naiv abgestempelt zu werden. Weil wir (instinktiv) wissen, dass Intuition mit Gefühlsduselei gleichgesetzt wird. Wer keine nachvollziehbaren Argumente hat, hat keine richtige Stimme. Also entscheiden wir uns aus Unsicherheit und Angst gegen unser

Gefühl und für die Vernunft. Und schaden uns damit sehr oft selbst. Wir alle kennen das: wir sind in einer Situation, in der wir ein komisches Bauchgefühl haben und uns unsere innere Stimme verzweifelt zu erreichen versucht, 'Nein, tu das nicht! Das geht schief!' - und wir ignorieren sie, reden uns die Situation schön, finden Gründe, es dennoch zu tun.

Einen weiteren Grund fasst Prof. Gerd Gigerenzer, Psychologe und Direktor des Berliner Max-Planck-Instituts für Bildungsforschung, sehr treffend zusammen: „Die Intuition hat in unserem Kulturkreis nicht die Wertschätzung, die sie verdient, denn Daten, Zahlen, Fakten zählen, und nicht die Tatsache, eine Entscheidung ‚aus dem Bauch' heraus zu fällen. Bei der Bauchentscheidung muss ich die Verantwortung selbst tragen. Doch wir leben in einer Zeit, in der Verantwortung immer weniger getragen werden möchte."

Da hat er vermutlich Recht. Die Verantwortung uns selbst gegenüber zu übernehmen, für uns selbst und unsere eigene Wahrheit einzustehen, darin sind wir mehr als zögerlich und unsicher geworden. Denn ja - es erfordert definitiv ganz schön viel Mut, sich alleine gegen viele zu stellen, nur weil das Bauchgefühl eine andere Richtung vorgibt. Und mindestens nochmal so viel Mut, die Verantwortung für alle Konsequenzen aus dieser Entscheidung zu tragen. Wir machen es uns gerne einfacher und schwimmen mit dem Strom, anstatt uns selbst zuzuhören und damit herauszufinden, was *wir selbst* wirklich wollen und brauchen.

Intuitiv spüren wir sehr schnell, was wir tun sollten, aber wir können es nicht erklären, nicht in Worte fassen. „Viele Bereiche unseres Gehirns sind der Sprache nicht mächtig, dennoch findet sich darin sehr viel Information, die dort gespeichert ist. Wenn wir also nur dem Recht geben, was wir sprachlich begründen können, dann würden wir sehr viel verlieren", sagt Prof. Gerd Gigerenzer. Die Intuition ist also kein rationelles Wissen, das wir darstellen und begründen können, sondern vielmehr ein geistiges Wissen, mit dem wir selbst komplexe Situationen in nur einem Augenblick erfassen, und die für uns richtige Antwort darauf erkennen können.

Das Intuitive macht uns Frauen aus.

Um im Einklang mit uns selbst zu leben, unsere vollkommen eigene Wahrheit vollständig und mit voller Überzeugung ausleben zu können, müssen wir unbedingt wieder lernen, unsere Intuition zu hören und auf sie zu reagieren. Nur wenn wir unserem tiefsten Inneren vertrauen und damit ganz bei uns sind, können wir auch im Außen stark und authentisch sein. Wenn wir nicht mehr abhängig sind von Meinungen anderer, wenn wir uns nicht mehr ins Wanken bringen lassen und unsere Richtung ständig ändern. Sondern in absoluter Ruhe und Souveränität unsere eigene Meinung vertreten können.

Um diesen Zugang wieder zu finden, gibt es ganz verschiedene Wege. Der wichtigste ist sicherlich, uns Zeiten der Ruhe und der Stille einzuräumen (gerade in unserer zweiten Zyklushälfte, in der wir von Natur aus schon offener für unsere intuitive Gabe sind). Wir brauchen die Ruhe um uns herum, um wieder für die leisen Töne unserer inneren Stimme empfänglich zu sein. In der Hektik und Lautstärke des Alltags fällt es uns leicht, diese Stimme und das schlechte Bauchgefühl zu verdrängen. Wir werden ständig mit so vielen Informationen, Ratschlägen und vermeintlichen Beweisen überflutet, dass wir gar nicht mehr wissen, was wir glauben sollen. Deswegen müssen wir uns die Zeit nehmen, in uns hineinzuhören und uns nicht mitreißen zu lassen vom Strudel der äußeren Einflüsse, die uns die Chance nehmen, uns selbst zu spüren. Wir müssen wieder weich werden, empfänglich, und gewillt, uns selbst zu vertrauen.

Unser sicherstes Wissen kommt immer aus uns selbst.

Der Sitz unserer weiblichen Intuition wird dem Schoßraum zugeordnet. Wenn wir uns mit ihm verbinden, schaffen wir gleichzeitig auch eine Verbindung zu unserem innersten Empfinden. Nimm Dir jeden Tag ein paar Minuten Zeit (Du spürst selbst, wie lange Dir gut tut), ziehe Dich an einen geschützten, ungestörten Ort zurück, und setze oder lege Dich bequem hin. Lege Deine Hände auf Deinen Bauch, Deine Gebärmutter, und schließe Deine Augen. Atme tief in Deine Gebärmutter hinein, spüre, wie sie unter Deinen Händen liegt, mit all dem Wissen, das sie in sich trägt. Mit ihrer Kraft, Leben heranwachsen zu lassen und auf die Welt zu bringen. Spüre diese pure Weiblichkeit in Dir. Verbinde Dich mit ihr. Nimm die Gefühle wahr, die auftauchen, lasse sie in Dir wirken.

Übe im Alltag, auf Dein Gefühl zu hören. In Situationen, in denen Du nicht gestresst bist und keine Entscheidung erwartet wird, sondern Du sie nur Dir selbst gegenüber treffen musst. Frage Dich, was täte mir jetzt gut? Wie fühlt sich das an? Wohin möchte ich jetzt gehen? Und dann entscheide der Eingebung Deines ersten Gefühls nach, egal, wie komisch es sich anfühlen mag.

Die innere Stimme spricht in vielen verschiedenen Sprachen zu uns. Anfangs mag es schwierig sein, sie zu erkennen, und nicht als reines körperliches Symptom abzutun. Ich persönlich spüre sie am häufigsten durch Herzklopfen oder ein extrem mulmiges

Gefühl im Bauch, wenn es um Warnungen geht, die sie mir mitteilen möchte. Häufig reagiert wirklich der ganze Körper auf solche inneren Warnsignale, alles in uns möchte uns aus schlechten Situationen förmlich herausziehen.

Ich erinnere mich an einen Tag, an dem ich das neu sanierte Haus einer damaligen Freundin angeschaut habe. Ein altes Bauernhaus, mit Fachwerkbalken und Dielenboden, modern saniert - eigentlich genau mein Ding. In der Küche war ich noch begeistert, angesichts der luftigen Größe und der Kombination aus alt und neu. Im Wohnzimmer fühlte ich schon eine gewisse Beklemmung. Ich versuchte mir vorzustellen, hier zu leben, aber es gelang mir beim besten Willen nicht. Als wir dann vor der Treppe ins Obergeschoss standen, spürte ich plötzlich nur noch eine ganz übermächtige Kälte, alles in mir wollte sofort weg von diesem Ort. Er fühlte sich einsam an, beängstigend und leer. Ich fror, obwohl es mitten im Sommer war. Mein Körper signalisierte mir eindeutig, dass ich diesen Platz verlassen soll. Und es hätte überhaupt keinen einzigen rationell erklärbaren Grund dafür gegeben. Es war eine reine Gefühlssache, die in ihrer Botschaft aber deutlicher und unmissverständlicher war, als es jede noch so gute Begründung hätte sein können.

Eine wundervolle Übung für dieses intuitive Hinhören ist es, einfach ohne Plan und Ziel mit dem Auto drauf loszufahren. Mein Mann und ich machen das immer wieder sehr gerne übers

Wochenende, und wir werden jedes Mal mit den schönsten Plätzen beschenkt, die wir nie entdeckt hätten, wären wir strikt nach durchdachter Route gefahren. Wir haben einen kleinen Wohnanhänger, packen die nötigsten Dinge für zwei Tage ein und fahren los. An jeder Kreuzung wird spontan entschieden, wohin wir abbiegen. Wir lassen uns komplett von unserem Gefühl leiten.

Die erste Male hatte mein Mann noch ziemliche Schwierigkeiten damit, nicht zu wissen, wo wir am Abend landen und schlafen würden. Das Navi mit geschätzter Ankunftszeit fällt bei dieser Art des Reisens flach, und somit gibt es keinen Anhaltspunkt, weder für Zeit noch Ort, nach dem wir uns richten können. Nach dem wir planen können. Für meinen Mann war das anfangs gar nicht so einfach, ich selbst habe es von der ersten Sekunde an geliebt und genossen. Es war die pure Freiheit, die Uhr war mir piepegal, ich hatte keinen Stress mehr und kein gehetztes Gefühl, um einen bestimmten Ort noch rechtzeitig zu erreichen. Ich vertraue darauf, dass uns unsere Intuition den Weg zeigt.

Probiere das einmal aus, es lohnt sich definitiv. Genauso gut kannst Du es natürlich auch zu Fuß oder mit dem Fahrrad umsetzen. Wichtig ist nur, den Kopf völlig auszuschalten und Deinem Gefühl zu hundert Prozent zu vertrauen.

Um ein Gespür zu bekommen, wie sich eine wahrgenommene Inuition anfühlt, frage Dich doch einmal, wann Du das letzte Mal vollkommen bei Dir selbst warst. Erinnere Dich an diese Situationen, und rufe Dir Deine Gefühle dabei ins Gedächtnis. Hast Du Dich komplett richtig, leicht, frei, sicher, stark und einfach wohl gefühlt? Meistens liegen diesen Situationen intuitiv getroffene Entscheidungen zu Grunde. Und an unserer emotionalen Reaktion darauf können wir erkennen, wie gut und richtig unsere Intuition uns führt.

Eine weitere Möglichkeit, um Dich wieder mit Deinem Bauchgefühl vertraut zu machen, kannst Du in der Natur erleben. Auf einem meiner ersten Seminare lud uns unsere Seminarleiterin ein, am nächsten Morgen, direkt nach dem Aufwachen, nach draußen zu gehen. Die Stille des anbrechenden Tages in diesem halbschlafenden Zustand zu erleben, und uns von unseren Emotionen leiten zu lassen. Ich bin dann also in den Wald gelaufen, neugierig aber auch skeptisch, ob ich etwas Bestimmtes wahrnehmen würde. Mein Verstand war schon wieder so aktiv und abwartend, dass mein Gefühl kaum Platz hatte. Nach einiger Zeit dachte ich aber nicht mehr nach, sondern lief einfach auf diesem weichen Waldboden entlang. Ich sah die feuchten Nadeln auf dem Boden und spürte diesen Ruck in meinem Herzen, dass ich meine Schuhe ausziehen und die Erde direkt unter meinen Füßen spüren sollte. Es fühlte sich herrlich an! Ich lief quer in den Wald hinein, und auf einer kleinen Lichtung folgte ich meinem Gefühl ein weiteres Mal, und legte mich auf diesen weichen, nadelig moosigen Waldboden, der so dunkel und würzig roch, dass ich vor Glück fast platzte. Ich lag also da, schaute in die Baumkronen über mir, hörte ganz bewusst das leise Knarren der Baumstämme, das Zwitschern der Vögel, das fast lautlose Rascheln um mich herum. Und ich fühlte mich dieser Erde so verbunden und nah wie selten zuvor. Wäre ich an diesem Morgen blind meinem Gefühl gegenüber gewesen, hätte ich diesen kraftspendenden, magischen Moment nie erlebt.

Und in diesem Augenblick habe ich auch nicht darüber nachgedacht, ob mich vielleicht jemand sehen könnte, wie ich da mitten im Wald auf dem Boden liege. Ich war ganz bei mir, von meiner Intuition geleitet und mit mir im Reinen.

Ich möchte Dich aus tiefstem Herzen ermutigen, wieder Verantwortung für Deine Entscheidungen zu treffen und sie immer öfter aus Deinem Bauch heraus zu fällen. Erinnere Dich daran, dass Du alles Wissen in Dir trägst. Mache Dir bewusst, dass es nicht *die eine* richtige Antwort gibt, sondern nur *Deine* richtige Antwort. Also schließe die Augen, verbinde Dich mit Dir selbst und frage Dich, was Du tun würdest, wenn Du die Antwort wüsstest. Denn *Du weißt sie.* Hab den Mut, *Deiner* Antwort zu folgen. Letztlich führt sie Dich immer auf den besten Weg, denn Deine Intuition hat schützende und heilende Absichten.

DEN BLICKWINKEL ÄNDERN

'Practice listening to your intuition,

your inner voice;

ask questions, be curious,

see, what you see, hear what you hear,

and then act upon what you know to be true.

These intuitive powers were given to your soul at birth.'

Clarissa Pinkola Estés

Ich glaube, dass wir uns viel zu oft selbst im Weg stehen. Und taub werden für unsere innere Stimme. Unser feinfühliges Hinhören einfach nicht stattfinden lassen, weil wir tausend Gegenargumente und Sperren im Kopf mit uns herumtragen. Wir sind - meist unbewusst - so in unseren Denkmustern gefangen, dass unsere Sinne gar keine Chance haben, Signale an unser Bauchgefühl weiterzuleiten. Wir nehmen nur das wahr, was wir sehen wollen (oder können).

Mir ging es erst vor kurzem selbst so, und dank dieser Situation ist mir der Zusammenhang zwischen gewohnten Strukturen und unserem fehlenden Bezug zur Intuition noch einmal so richtig vor Augen geführt worden. Seitdem habe ich mir viele Gedanken zu diesem Thema gemacht und versuche, noch viel offener und 'empfangsbereiter' durch meinen Alltag zu gehen. Ich möchte Dir diese kleine Geschichte gerne erzählen, um Deine Wahrnehmung für eigene 'Intuitionssperren' in Deinem Kopf zu sensibilisieren.

Während meinem intensiven Befassen mit der weiblichen Geschichte, in der das Thema Kirche leider eine sehr dunkle Zeit maßgeblich mitgeprägt hat, wurde mir immer deutlicher bewusst, dass ich diese Institution nicht mehr unterstützen möchte. Eine Mitgliedschaft bedeutete für mich zunehmend eine stillschweigende Akzeptanz der Rolle, die die Kirche in der Zeit der Hexenverfolgung eingenommen hat. Aus der Kirche auszutreten, war für mich irgendwann die logische Schlussfolgerung.

In meinem Wohnort gibt es im Wald eine kleine Kapelle. Im Inneren befinden sich nur zwei kleine Bänke und ein schlichter, kleiner Altar. Das Auffälligste ist die Maria Statue, die in einer Vertiefung aus behauenen Steinen steht. Ohne viel Schnickschnack steht sie dort, in ihrem blauen Gewand, und schaut auf die Besucher herunter. Bei jedem Spaziergang möchten meine Kinder diese Kapelle besuchen und die Glocke darin läuten. Bis vor einigen Wochen hob ich also meine beiden Jungs nacheinander auf meinen Arm, damit sie das Glockenseil ziehen konnten, und verließ danach wieder die Kapelle, ohne wirklich etwas wahrgenommen zu haben. Meine Abneigung gegen das Thema Kirche blockierte mich tatsächlich so weit, dass ich gar nichts wahrnehmen wollte.

Am Abend des Tages, an dem ich meinen Austritt aus der Kirche amtlich gemacht hatte, besuchten wir wieder einmal die kleine Kapelle. Meine Jungs freuten sich über das Glockengeläut und ich wollte danach wie gewohnt weiter spazieren. Ich stand schon in der Türe, als ich plötzlich das ganz drängende Gefühl verspürte, mich noch einmal umzudrehen. Zur Maria umzudrehen. Und das erste Mal schaute ich sie mir wirklich an. Ich nahm jedes Detail an ihr wahr, und ich fand sie wunderschön. Minutenlang konnte ich sie nur anschauen, und sie strahlte plötzlich eine extreme Stärke auf mich aus. Es war, als ob sie mir zeigen wollte, dass sie in ihrer braven, keuschen Rolle, die die Kirche ihr auferlegt hat, nicht zuhause ist. Dass in ihr - neben ihren schützenden, sanften und liebevollen Eigenschaften - die wilde Ursprünglichkeit aller Frauen lodert. Gezähmt und klein gemacht über die vergangenen Jahrtausende. Sie schaute mich an und ich hörte, wie sie immer wieder sagte, 'Lauft los, macht Euch auf den Weg, befreit uns wieder'. Eine Aufforderung an uns alle, uns endlich wieder zu zeigen, zu erwachen, unsere Weiblichkeit in all ihrer Schönheit und Stärke wieder zu leben.

Diese Minuten an diesem Abend in der Kapelle waren sehr eindrucksvoll für mich und ich weiß, dass ich sie schon viel früher hätte erleben können, wenn mich meine Gedanken, mein Verstand, nicht unbewusst davon abgehalten hätten. Erst als ich meinen innerlichen Groll für mich geklärt hatte, war ich offen genug, um meine Eingebung wahrnehmen zu können. Wer weiß, wie oft sie davor schon verzweifelt nach Aufmerksamkeit geschrien hat. An diesem Abend war ich bereit, hinzuhören. Weil ich nicht mehr von alten Denkmustern blockiert war.

DER ANGST ENTGEGENSTELLEN

'Aus Angst, etwas Falsches zu tun,

tun viele gar nichts.

Und genau das ist das Falsche.'

Unbekannt

Wenn ich Dich fragen würde, was Dich daran hindert, ganz Du selbst zu sein, Dir und Deinen Emotionen, Einstellungen und Wünschen komplett treu zu sein und sie ohne Furcht nach außen zu tragen - was wäre das? Welche Gründe sind es, die Dich darin einschränken, Deine eigene Wahrheit zu entdecken und sie in Dir zu integrieren? Welche Angst flüstert da ganz leise in Dir?

Jede von uns hat hierauf ihre ganz eigenen Antworten, ihre eigenen Ängste und Gründe. Aber in einer Angst sind wir alle vereint: der Angst vor den Reaktionen der anderen. Und es ist egal, wie wir sie nun genau definieren, ob es die Angst davor ist, merkwürdig oder peinlich wahrgenommen zu werden, oder ob wir uns vor Verurteilung fürchten, vorm ausgelacht werden, davor, als lächerlich dazustehen. Oder ob wir einfach Angst haben, aufzufallen, negativ wie positiv. Letztlich ist es immer dieselbe Angst. Nämlich eine soziale Angst. Sie hindert uns daran, ganz frei in unserem Verhalten zu sein, uns keine Gedanken um die anderen zu machen, sondern einfach unsere Überzeugungen zu leben und zu zeigen.

Wir zerbrechen uns viel zu oft den Kopf darüber, was Menschen um uns herum wohl über uns denken, was sie über uns reden. Wie oft hast Du schon den Mund gehalten, wenn Du eigentlich etwas Wichtiges zu sagen gehabt hättest, nur aus Angst vor etwaigen Reaktionen? Wie oft hast Du Dich schon angepasst, anstatt Deinen Weg zu gehen, aus Angst, als Außenseiter dazustehen? Wie oft hast Du in Deinen Beziehungen die Ansichten Deines Partners zu Deiner eigene Wahrheit gemacht, nur damit Du ihm/ihr gefällst? Wie oft schon hast Du Deine Träume platzen lassen, weil andere Dich für verrückt erklärt haben? Wie oft hast Du das auffällige Kleid wieder zurück in den Schrank gehängt (oder gar nicht erst gekauft), aus Angst, aufzufallen?

> Wie oft also hast Du Dich selbst verraten,
>
> nur wegen der anderen?

Ist es nicht schlimm, wie wir unser kostbares Leben beschränken (lassen), anstatt es voll auszukosten? Natürlich sind wir soziale Wesen, Rudeltiere sozusagen. Und auf dieses Rudel sind wir in gewissem Maße auch angewiesen. Sozialer Ausschluss ist somit der Supergau, den wir mit allen Mitteln vermeiden wollen. Also halten wir uns zurück und passen uns an. Immer und immer wieder. Um den Preis, dass wir uns selbst verlieren und nie die Chance haben, uns wirklich kennenzulernen.

Vielleicht sollten wir stattdessen einfach einmal überlegen, ob das Rudel, das uns für unsere ganz ureigenen Überzeugungen und unsere Art zu leben, ausschließt, das richtige Rudel für uns ist? Das mag sich hart anhören (und es wahrzunehmen und zu fühlen ist tatsächlich hart), aber wenn wir uns weiterhin verstecken und uns für andere verstellen und zurücknehmen, werden wir unsere wilde Frau nie gänzlich in unser Leben integrieren können.

Ich war vor einiger Zeit auf einem Tagesseminar mit dem Thema 'Begegnung mit dem Pferd, Begegnung mit Dir selbst. Das Pferd als Spiegel der Seele.' Nun musst Du wissen, dass ich wahnsinnigen Respekt vor Pferden habe. Mein Leben lang schon ziehen sie mich auf der einen Seite magisch an, aber auf der anderen Seite habe ich zu große Angst, um ihnen wirklich nahe zu kommen. Als ich zufällig auf das Seminarangebot gestoßen bin, habe ich mich in einer Kurzschlussreaktion angemeldet. Im

Nachhinein weiß ich, dass mich meine Intuition geführt hat.

Das Seminar war aufgeteilt in drei Themen: zunächst Meditiation und schamanisches Trommeln, dann das erste Annähern an die Pferde auf der offenen Koppel (hier klopfte mir das Herz schon bis zum Hals) und zuletzt dann die Einzelbegegnung mit dem zuvor ausgewählten Pferd.

Als ich erfuhr, welches Pferd ich mir auf der Koppel intuitiv ausgesucht hatte, hätte ich am liebsten direkt wieder getauscht. Es war ein junger spanischer Hengst, noch nicht allzu lange auf dem Hof und voll in der Pubertät, mit allem was dazugehört. Wild, eigensinnig und nicht wirklich berechenbar. Super. Aber ich ging die Sache trotzdem an (und stellte mich hier schon notgedrungen meiner Angst), weil ich mir dachte, dass es bestimmt einen Grund dafür gab, dass mein Bauchgefühl mich genau zu diesem heißblütigen Spanier geführt hatte.

Bei der folgenden Einzelbegegnung interessierte sich der Hengst dann gar nicht so sonderlich für mich. Trotzdem stand ich mit klopfendem Herzen in der Mitte der Koppel und schreckte bei jeder schnellen Bewegung des Pferdes zusammen. Die Seminarleiterin stand bei mir und ging dem Ursprung meiner Angst Schritt für Schritt auf den Grund. Ich bin als Kind eher vorsichtig und ängstlich erzogen worden, potenzielle Gefahren gab es überall und ich wuchs behütet und beschützt auf. Meine

Erinnerungen daran fühlen sich sehr geborgen an und ich weiß, dass meine Mutter ihre ganz eigene Geschichte hat, die sie zu diesem extremen Schutz und ihrer Angst um mich gebracht hat.

Auf der Koppel mit diesem großen, stolzen Pferd, das mich einerseits so sehr anzog in seiner ganzen Wildheit und Freiheit, und mich andererseits auch so unmittelbar mit meinem Angstthema konfrontierte, wurde mir bewusst, dass das genau der Zwiespalt ist, den ich mit mir trage und der mich hindert, wirklich frei zu sein und meine wilde Frau zum Leben zu erwecken.

Schon als Kind trug ich eine wilde Seite in mir, die ich aber nicht gänzlich entdecken und leben konnte. Als ich älter wurde, war ich schon so geprägt von Angst und Vorsicht, dass ich mich oft unfähig fühlte, Dinge alleine zu regeln und für mich selbst einzustehen. Ich wusste ja auch gar nicht genau, wer ich eigentlich war, denn diese eine Seite fehlte mir zu einem kompletten Bild meiner selbst. Ich war vorsichtig, zurückhaltend, passte mich den verschiedensten Situationen und Lebensumständen immer wieder neu an. Und fühlte mich nie angekommen. Eine 'Grundangst' begleitete mich fast immer. Ich war nach außen brav und anpassungsfähig, aber innerlich spürte ich im Laufe der Jahre immer stärker, dass meine wilde Seite nach außen drängte. Dass ich mich nach dem puren Leben sehnte, den Genuss suchen wollte, anstatt mich in meine Angst zurückzuziehen.

Ich hatte mir das wildeste aller Pferde dort unbewusst ausgesucht, weil es meinen inneren Drang nach eben dieser Wildheit und Freiheit verkörperte. Indem es mir dann in der Begegnung meinen eigenen Raum ließ, meine Grenzen achtete und mich letztlich entspannt als Herdenmitglied akzeptierte, ermöglichte es mir, vollkommen ruhig zu werden. Am Ende stand ich ihm gelassen und ohne jegliche Angst gegenüber.

Diese Erfahrung hat mich eines gelehrt, und ich bin überzeugt, dass uns das alle betrifft: wenn wir unsere Wildheit suchen, dem Ruf unserer wilden Frau folgen wollen, dann müssen wir uns auf uns selbst einlassen, uns mit unserer Angst konfrontieren und uns ihr entgegenstellen. Wir sind oft geprägt und gehemmt von unseren verschiedensten Ängsten. Sei es unsere kollektive Angst, die uns allen gemeinsame soziale Angst, oder die ganz persönlichen Ängste, die uns hindern, frei zu sein. Wir müssen ihr in die Augen blicken, erkennen, wo ihre Wurzeln liegen. Ihr auszuweichen bedeutet Stillstand. Wir müssen sie hinter uns lassen, um weitergehen zu können.

DIE WEIBLICHE AHNENLINIE HEILEN

'Die Verbindung zu Deinen Ahnen

sind wie die Wurzeln der Bäume.

Je tiefer die Verwurzelung mit der Erde ist,

umso kräftiger kann der Baum wachsen

und seine Äste in den Himmel strecken.'

Christine Grabrucker

Tief in unserer zellulären Erinnerung sind wir verbunden mit unseren mütterlichen Ahninnen. Ihre Erfahrungen und Traumata, ihr Leid und ihr Schmerz, aber auch ihre Stärke und ihr Mut sowie all ihre positiven Gedanken und ihre Weisheit sind in unserer DNA abgelegt und beeinflussen unser Leben. Vielen von uns ist überhaupt nicht bewusst, dass wir alte Muster und Überzeugungen unserer Ahnenlinie 'weiterleben', egal, ob es sich um körperliche oder geistige Themen handelt.

Auf energetischer Ebene sind diese Informationen in uns abgespeichert und so kommt es, dass wir manchmal nach Mustern handeln, die eigentlich aus Zeiten weit zurückliegender Generationen stammen und die uns aus dem Unterbewusstsein heraus beeinflussen.

Gerade die weibliche Ahnenlinie beinhaltet so viel unterdrückte Wut und Groll, die sich über Jahre der Unterdrückung aufgebaut haben. Die Verbitterung darüber, dass das eigene Leben von Diskriminierung und Unterwürfigkeit geprägt war, wurde in Form von Gedanken und Gefühlen an die Gene gekoppelt und Generation für Generation weitergegeben. Unsere weiblichen Vorfahren, die aufgrund verschiedenster Umstände keinen Zugang zu ihrer Weiblichkeit, ihrer Weichheit, Mütterlichkeit und zu ihren Emotionen hatten (oder haben durften), haben das über Gesten und Worte weitergegeben. Was die Uroma beispielsweise an ihre Tochter über das Thema Sexualität weitergegeben hat - auch unausgesprochen - beeinflusste deren Denken und Handeln, und sie hat es wiederum in abgewandelter Form an ihre Tochter weitergegeben. Generation für Generation, bis es schließlich bei uns gelandet ist und uns unterbewusst prägt und beeinflusst. Und so tragen wir dieses Erbe unserer Ahninnen mit uns herum, so lange, bis wir uns damit befassen und es auf energetischer Ebene heilen.

Durch das Heilen alter Blockaden, Schmerzen und genereller

Verbindungen lösen wir uns aus diesen Verstrickungen und aus unserer geistigen Abhängigkeit. Wir söhnen uns sozusagen mit unseren Ahninnen aus, geben Themen dorthin zurück, wo sie hingehören und können daraus schlussendlich eine große Kraft schöpfen.

Möglich ist so eine Heilung der Ahnenlinie beispielsweise durch eine systemische Aufstellungsarbeit. Aus eigener Erfahrung kann ich Dir das unbedingt weiterempfehlen, es löst sich so vieles, was davor nicht einmal wirklich bewusst war. In meinem Fall habe ich dadurch nicht nur für mich selbst Heilung und Klarheit erfahren, sondern auch für meine Mutter eine innere Barriere aufbrechen können, als ich ihr von den Erlebnissen während der Aufstellung erzählt habe.

Grundsätzlich wird bei dieser Arbeit mit den Energien der aufgestellten Personen gearbeitet. Auch die Energien verstorbener Ahnen sind immer noch um uns herum, mit uns verbunden, und können so abgerufen werden.

Bei einer Aufstellung der weiblichen Ahnenlinie werden beispielsweise zwei oder drei Frauen gewählt, die stellvertretend für die eigene Mutter, Großmutter und Urgroßmutter stehen. Es ist möglich, ihnen ein Foto der jeweiligen Ahnin zu überreichen, aber das ist nicht zwingend nötig. In dem Moment, in dem die Person in ihre 'Rolle' schlüpft, nimmt sie automatisch deren Energie wahr und strahlt diese aus. Hört sich verrückt an, oder? Für die meisten von uns ist das kaum vorstellbar, weil wir einfach viel zu rational denken und unser natürliches Gespür für das Mystische verloren haben. In allen alten Kulturen war es selbstverständlich, die Ahnen ins tägliche Leben mit einzubeziehen, indigene Völker tun das bis heute. Für uns hingegen ist es ein sehr fremder Gedanke, dass wir mit den Energien unserer Vorfahren so eng verbunden sind und mit ihnen arbeiten können.

Wenn alle Personen ihre Rolle eingenommen haben, werden sie von uns (der Tochter, Enkelin, Urenkelin also) so 'aufgestellt', wie wir sie in Beziehung zu uns und zueinander sehen. Dabei kann es passieren, dass sich die Personen auf ihrer von uns zugewiesenen Position unwohl fühlen, beispielsweise gefühlt zu nah an uns oder einer der anderen Personen stehen. So entsteht eine ganz intuitive, automatische Dynamik, in der jeder seinen Platz im Familiengefüge sucht. Themen wie Abneigung, Verletzung und Zorn tauchen auf und beeinflussen und formen die Aufstellung. Schuldgefühle, Schuldzuweisungen, Trauer, Ängste, Misstrauen, Schmerzen oder aufgestauter Zorn - all das wird sichtbar. Genauso aber auch tiefe Verbundenheit, gegenseitige Achtung, Liebe und Stärke, die innerhalb einer Ahnenlinie herrscht.

So kann es passieren, dass wir unsere Mutter und unsere Großmutter nah zueinander stellen, weil wir sie in unserer

Vorstellung so sehen. Und dann wird uns im folgenden Prozess plötzlich bewusst, dass zwischen den beiden ein bisher unausgesprochenes Thema steht, das sie voneinander weg rücken lässt. Durch Achtsamkeit und gutes Gespür der/des Aufstellungsleiter/in kann diese Blockade betrachtet und gelöst werden.

Lasten, die wir mit uns tragen, können wir sinnbildlich in Form eines beliebigen Gegenstandes an die Person zurückgeben, zu der sie eigentlich gehört. Vielleicht haben wir die Last übernommen, um die geliebte Person davor zu schützen. Aber wir müssen sie trotzdem zurückgeben, weil sie uns nicht gehört und in unserem Leben behindert.

Ich habe beispielsweise meiner Mutter die Last der Trauer um meine Oma zurückgegeben, die verstorben ist, als ich drei Jahre alt war. Diesen unsäglichen Schmerz über ihren Tod habe ich schon als Kind unbewusst von meiner Mutter übernommen und mit mir getragen. Eine tiefe innere Trauer war die Folge daraus, auch wenn ich selbst zum Zeitpunkt ihres Todes viel zu klein war, um bewusst diese tiefe Trauer zu empfinden. Als es in der Aufstellung darum ging, diese Trauer an meine Mutter zurückzugeben, bereitete mir dies tiefe Schmerzen vor Mitleid. Ich wollte sie nicht belasten, ich wusste, dass sie ja auch so schon genug damit zu kämpfen hatte. Ihre eigene Trauer hatte sie nie aufgearbeitet.

Ich weinte haltlos vor Schmerz, all die Traurigkeit, die mich mein Leben lang begleitet hatte, und das Mitgefühl für meine Mutter, kamen nach oben. Genauso weinten auch die Frauen, die ich für meine Mutter und meine verstorbene Oma aufgestellt hatte. Letztlich übergab ich die Trauer an meine Mutter, die sie annahm und neben sich auf den Boden legte, weil sie noch nicht stark genug war, sie zu tragen. Aber ich war frei davon. Meine aufgestellte Mutter und meine Oma lagen sich tränenüberströmt in den Armen, meine Oma entschuldigte sich, dass sie so früh gegangen ist und meine Mutter und mich mit diesem Schmerz zurücklassen musste. Meine Mutter ließ diesem Schmerz freien Lauf, weinte und weinte. Es war Wahnsinn. Und es war zutiefst heilsam.

Die Energien, die bei solch einer Aufstellung freigesetzt werden, sind kaum nachvollziehbar. Und sicherlich gibt es viele Menschen, die für solch eine Erfahrung, die durch Fakten und Zahlen nicht zu belegen ist, nicht offen sind und sie nicht für voll nehmen. Das sind dann aber eben genau die Menschen, die noch meilenweit entfernt sind von ihrem Ursprung, ihrer Verbindung zu sich selbst. Es existiert so viel mehr um uns herum, als wir ahnen. Und es ist nicht das Sichtbare, das all die Geheimnisse und Botschaften für uns bereit hält, sondern das, was wir nur erkennen, wenn wir uns darauf einlassen.

Eine Aufstellung unserer weiblichen Vorfahrinnen kann ein

Geschenk sein und Themen aufzeigen, deren Ursprung wir dort nie vermutet hätten. Und vor allem ist es eine gute Unterstützung, um in unserer Kraft als Frau ganz anzukommen. Denn es ist so wertvoll, aufgezeigt zu bekommen, wo einige unserer Lasten ihren Ursprung haben, welche Person den Kampf mit diesem Thema ursprünglich beginnen musste.

Eine andere Möglichkeit, um mit deinen Ahninnen in Kontakt zu treten ist es, Dich in aller Stille mit ihnen zu verbinden. Durch bewusste Kontaktaufnahme schaffen wir eine Verbindung zu einem Teil unseres Wesens. Gestalte dieses Ritual so, wie es sich für Dich richtig anfühlt. Wähle eine Zeit aus, in der Du ungestört bist und Dich offen und empfänglich fühlst. Du kannst zum Beispiel zur Einstimmung eine reinigende Räucherung vornehmen (dazu findest Du Tipps im Kapitel 'Rituale & Bräuche aufleben lassen'), oder Du gestaltest einen schönen Platz mit Naturmaterialien und sonstigen Dingen, die Dir wichtig und passend erscheinen. Möglich ist es beispielsweise auch, Fotos Deiner Ahninnen aufzustellen oder ihre Namen aufzuschreiben. Eine schöne Einleitung ist auch, einen roten Wollfaden um das Handgelenk zu wickeln, und bei jeder Umwicklung die Namen Deiner Ahninnen laut zu sprechen. In meinem Fall so: 'Ich bin Miriam. Ich bin die Tochter von Ute. Ich bin die Enkeltochter von Ruth. Ich bin die Urenkelin von Magdalena.' Du kannst diese Reihe beliebig fortführen und Du wirst die Verbundenheit und

Kraft spüren, die dadurch tief in Deinem Inneren entsteht. Als letzten Satz kannst Du sagen: 'Ich bin die Tochter all derer, die vor mir da waren.'

Lade jetzt bewusst Deine Ahninnen in Deinen Raum ein. Bitte sie zu Dir, mit all ihrer Liebe, ihrer Weisheit, ihrem Wissen und ihrer Stärke, aber auch ihrer Verletztheit und ihren ungeklärten Aspekten. Lade sie ein, Dir zu zeigen, was sie Dir mitgeben möchten. Bedanke Dich, dass Du ihre Linie fortführen darfst. Lass Deine Gefühle auf Dich wirken. Tauchen bestimmte Frauen auf? Wie empfindest Du ihr Erscheinen? Kannst Du sie vor Deinem geistigen Auge sehen oder ist es mehr ein körperliches Wahrnehmen? Haben sie eine Botschaft für Dich?

Wenn Du weißt, dass es alte Verletzungen und Themen in Deiner Linie gibt, kannst Du Dich jetzt auch davon abgrenzen, sie abgeben, indem Du das laut aussprichst. Genauso kannst Du auch um Schutz und Begleitung bitten. So viele Frauen aus der eigenen Blutslinie hinter sich stehen zu haben, ist ein wunderbar stärkendes Gefühl.

Abschließend entlasse Deine Ahninnen wieder aus Deinem geschaffenen Raum und beobachte in der nächsten Zeit einmal, ob sich etwas für Dich verändert hat. Vielleicht spürst Du ihre Gegenwart in bestimmten Situationen? Oder fühlst Dich generell gestärkt und getragen? Oder einfach nur erleichtert, weil Du belastende Themen abgegeben hast?

Um solche Themen gänzlich aus der Ahnenlinie herauszunehmen, sie also wirklich davon zu befreien, ist die schamanische Traumaarbeit eine wunderbare Möglichkeit. Anders als bei der Ahnenaufstellung werden die belastenden Aspekte hier nicht 'zurückgegeben', sondern aufgelöst, so dass die Ahnenreihe frei von Ballast ein stabiles Fundament für uns bilden kann.

Egal, wie Du den Kontakt und die Verbindung zu Deiner weiblichen Linie suchst und aufnimmst, es wird nie folgenlos sein. Anfangs werden vielleicht schmerzhafte Themen aufgewühlt und Du bist konfrontiert mit Konflikten, die Du jahrelang in Dir vergraben hattest. Letztlich aber geschieht dadurch immer Heilung. Die Aussöhnung mit Deiner Ahnenlinie entlässt Dich in ein Gefühl der Erleichterung und der Freiheit.

Durch die Heilung die Du initiierst, heilst Du nicht nur Dich selbst und Deine Ahninnen, sondern auch die wilde Frau in allen von uns.

ABSCHIED VOM BRAVEN MÄDCHEN

'We must rise as woman,

not follow as girls'

Rebecca Campbell

Brav und anständig sein zu müssen, das kennen wir alle. Ein süßes Lächeln auf den Lippen, gepaart mit Zurückhaltung und Höflichkeit - das ist unser Bild vom wohlerzogenen Mädchen. Wir haben früh gelernt, dass wir als Mädchen eher negativ auffallen, wenn wir genauso wild toben wollten wie unsere Brüder und Freunde. Oder wenn wir in der Schule unaufmerksam und zappelig waren. Oder wir mit denselben Schimpfwörtern um die Ecke kamen, wie die Jungen um uns herum. Wutausbrüche und Aggressionen wurden bei uns im besten Fall als unangemessen wahrgenommen, bei den Jungs hingegen als normal.

Und das ist heute noch genau so. Dieses Bild vom anständigen Mädchen und dem wilden Jungen ist so tief in unseren

Köpfen verankert, dass wir einfach damit weitermachen, diese braven Mädchen zu anpassungsfähigen, funktionierenden und damit gleichzeitig zu unvollständigen, emotionsregulierten Frauen zu erziehen.

Denn was genau bedeutet es denn, 'brav' zu sein? Es bedeutet, dass nur der Teil von uns gelebt werden darf, der 'gern gesehen' ist. Unsere Sonnenseite sozusagen. Unsere liebende, selbstlose, fürsorgliche, fröhliche Seite. Im Umkehrschluss bedeutet es, dass wir alle anderen Aspekte, die uns eigen sind, verstecken müssen. Wir verstecken und verdrängen unsere Wut, unser Verlangen, unsere Scham, unsere rebellischen Gedanken, unsere Verführungskunst und unsere starke Seite.

Für Frauen scheint es nur zwei Raster zu geben: entweder das 'gute Mädchen' oder die 'Schlampe' (und unsere Angst davor, als letztere abgestempelt zu werden, lässt uns so vieles in uns zurückhalten). Aber wie sollten wir es auch besser wissen, wo uns doch über Jahrhunderte nur das Bild der keuschen, braven Jungfrau und der aufopfernden Mutterrolle als akzeptable Vorbilder vorgegaukelt wurde? Wie ich im ersten Kapitel schon erwähnt habe, haben Patriarchat und Kirche hier ganze Arbeit geleistet. Die Entfremdung des Wortes 'Jungfrau' von der ursprünglichen Bedeutung der starken, unabhängigen, selbstbestimmten und sexuellen Frau hin zum ergebenen, dienenden, braven und keuschen Mädchen lässt uns bis heute glauben, dass wir nur gut sind, wenn wir in dieses Schema passen.

Nicht ohne Grund wurde übrigens auch Adams erste Frau Lilith, eine sumerische Göttin, mit all ihrer Wildheit, ihrer Unzähmbarkeit und ihrer aufbrausenden Art aus der biblischen Schöpfungsgeschichte gestrichen und durch die sanfte, fromme Eva ersetzt, die bereit war, dem Mann Untertan zu sein.

Erkennst Du, an welchen Vorbildern wir verzweifelt versuchen, uns zu orientieren? Und wie völlig falsch und unnatürlich das ist? Wie unmöglich? Wir gehen fast zugrunde bei dem ewigen Versuch, diesem künstlich geschaffenen Bild des guten Mädchens zu entsprechen.

Wir glauben wirklich, dass wir nur dann richtig sind als Frau, wenn wir ins Raster passen.

Unauffällig und fleißig.

Aber das *können* wir gar nicht schaffen. Weil es vollkommen unnatürlich ist. Dieses Bild, dem wir verzweifelt hinterherjagen, wurde geschaffen, um uns demütig und klein zu halten. Dass wir uns schämen für jede kleine Grenzüberschreitung, für jeden (Gefühls-)ausbruch und jede Schattenseite, die wir nicht in den

Griff bekommen. Und dieses Bild hat so viele unserer Ahninnen dazu gezwungen, all die natürlichen, wundervollen, mächtigen Aspekte ihres Frauseins zu unterdrücken.

Lasst uns endlich damit aufhören. Lasst uns die Generation sein, die sich wieder darüber bewusst wird, dass in jeder Frau sowohl Eva *als auch* Lilith stecken. Lasst uns diejenigen sein, die erkennen, dass es deswegen schlichtweg unmöglich ist, immer nur lieb und artig zu sein. Dass uns das sogar krank macht. Dass es vielleicht die Antwort auf die Frage ist, wieso immer mehr von uns an Depressionen leiden, sich ständig ausgelaugt und erschöpft fühlen. Weil es einfach unglaublich anstrengend ist, sich ständig 'falsch' zu fühlen. Und weil es genauso anstrengend ist, nach Phasen des angestrengten Zurücknehmens die ganzen unterdrückten Gefühle mit einem großen Knall explodieren zu lassen (um sich danach selbstverständlich sofort dafür zu schämen).

Lilith und Eva können nur gemeinsam existieren. Licht und Schatten. Wut und Sanftmut. Ruhe und Sturm. Anstand und Unanständigkeit. Wildheit und Weichheit. All diese Aspekte gehören zu uns, und jeder einzelne davon will auch gelebt werden dürfen. Und deswegen müssen wir endlich damit aufhören, irgendwelchen verrückten (Männer)idealen entsprechen zu wollen und stattdessen wieder *uns selbst* entsprechen. Wir müssen damit aufhören, das zu tun, was von uns erwartet wird und anfangen, das zu tun, was uns gut tut (Thema Intuition). Wie oft tun wir denn Dinge, nur um den anderen zu gefallen (Thema Angst)?

Bitte hör auf, Dir weiterhin einreden zu lassen, dass Du nur liebenswert bist, wenn Du Dich anpasst. Wenn Du Deine Emotionen im Griff hast. Wenn Du immer für alle da bist. Deine eigenen Grenzen zugunsten der anderen ein ums andere Mal überschreitest, und wenn Du die umsorgende Ehefrau, die fürsorgliche Mutter und die erfolgreiche Businessfrau in Einem bist.

Hör auf damit, Dich anders zu verhalten, je nachdem, wer Dir gerade gegenüber steht. Werde nicht größer oder kleiner, lauter oder leiser. Bleib bei Dir und sei Du selbst. Mach Dich nicht klein und hilfsbedürftig, nur um gesehen und geliebt zu werden.

Befreie Dich von Deinem kleinen, braven Mädchen, und heiße Deine wilde, raue, leidenschaftliche, verrückte und ganz und gar ursprüngliche Energie willkommen. Deine wilde Frau wartet auf Dich. Lauf auf sie zu, renne, fliege - aber als Frau, nicht als Mädchen.

Schüttle die Ketten ab, die Dich in Deiner Freiheit, Dir selbst zu entsprechen, beschneiden. Bekenne Dich zu Deiner weiblichen Stärke, Deinem Frausein, Deiner Präsenz. Und wenn die anderen über Dich reden, sei Dir bewusst: Du bringst sie zum nachdenken, Du rührst ihr Innerstes an. Indem Du Deine Weiblichkeit entfesselst, berührst Du auch in ihnen eine tiefe Sehnsucht.

Habe den Mut, das Leben zu leben, das Du möchtest. Lache, wenn Du lachen möchtest, weine, schreie und tobe, wenn Dir danach ist. Liebe mit all Deiner Hingabe, verführe, genieße und gib Dich komplett hin. Singe Dein lautestes Lied und tanze Deinen wildesten Tanz, laufe barfuß durch den Dreck, lass Dich vom Regen durchweichen und fange die Tropfen mit Deiner Zunge auf. Leg Deinen Kopf in den Nacken, breite Deine Hände aus und spüre das Leben. *Gib Dich komplett hin.* Lebe Deine Sexualität voller Neugierde, sei eins mit deiner Lust und vergiss endlich die Angst, der Schlampe in Dir zu begegnen. Sei sinnlich und liebe. *Gib Dich komplett hin.* Sei leise in Deinen sanften Momenten und erhebe Deine Stimme, wenn Du etwas zu sagen hast. Bettle nicht mit großen Kinderaugen um Liebe, sondern genieße die Verehrung des Mannes, der stark genug für Dein Frau sein ist. Vergiss den ewigen Gedanken, schutzbedürftig zu sein. Sei Dir stattdessen Deiner Kraft und Deiner Freiheit bewusst und verführe mit Deiner Wildheit und Deiner Lust am Leben. Verführe Dich selbst zum leben und zum lieben.

Bei allem was Du tust: *gib Dich komplett hin.* Entdecke Dich in Deiner Weiblichkeit, und lebe sie. Die Zeit des braven Mädchens ist vorbei, die Welt braucht wieder die Kraft und Energie von Frauen. Trau Dich, Frau zu sein. Trau Dich, nicht brav zu sein.

Wir müssen damit aufhören, unsere Kronen zu richten und stattdessen wieder lernen, unsere Flügel auszubreiten.

Wir sind keine Prinzessinnen, wir sind Göttinnen.

Ruhig ist sie geworden.

Um Erwartungen zu erfüllen.

Nicht aufzufallen.

Die abwertenden Blicke zu vermeiden.

Die Frau in sich komplett vergraben,

lebt sie ihr Leben angepasst an das,

was gesehen werden will.

Sie weiß, dass das Feuer, das in ihr brennt,

nicht gern gesehen ist in ihrem Alltag

als Mutter, Ehefrau.

Dass es falsch gewertet wird,

sobald es an die Oberfläche dringt.

Dass es diese Blicke hervorruft, dieses Tuscheln,

das Ausgeschlossenheit nach sich zieht.

Aber manchmal schweifen ihre Gedanken ab,

denn sie spürt es lodern,

fordernd, nicht zu ignorieren.

Es ist in ihr, will sich zeigen.

Ihre Wildheit, Weiblichkeit und Stärke.

Es will leuchten, will einen Platz in ihrem Leben.

Und nach und nach hört sie auf das Drängen,

beginnt zu ahnen wer sie ist.

Erkennt, dass nur ihr Weg zu sich selbst

letztlich in die Freiheit führt.

Zaghaft geht sie erste Schritte,

zeigt sich, provoziert.

Reißt Grenzen nieder, wagt sich in ein neues Leben.

Fühlt sich stärker, wild und frei.

Beginnt, die Blicke zu genießen

statt zu fürchten,

denn hinter dem Vorhang

aus Verachtung verbirgt sich

doch bloß Neid und tiefstes Sehnen.'

KÖRPERTEMPEL

'I want to immerse myself in beauty.

Untamed, unapologetic beauty;

for it shows me the way home to my own.'

Hera Morgan

Wann hattest Du das letzte Mal das Gefühl, so richtig in Deine eigene Schönheit einzutauchen, Dich mit vollem Genuss und einem liebenden Lächeln anzuschauen und Dich wertvoll und stark zu fühlen?

Wie oft siehst Du die Göttin in Dir? Deine ungezähmte, wilde, weibliche Schönheit? Wie oft erlaubst Du es Dir, über die Makel, die Dich an Deinem Körper stören, hinwegzusehen und Deine ganz eigene Schönheit zu feiern? Wie oft erkennst Du noch die tiefe Wahrheit Deiner weiblichen Schönheit hinter all den aufgezwungenen Rastern, in die Dich die Medien und das gängige Schönheitsideal pressen wollen? Kannst Du noch wahrnehmen, dass Schönheit so viel mehr beinhaltet, als die bloße Definition von Körpermaßen?

Wir sind so sehr beeinflusst von unserer 90-60-90 Gesellschaft, dass wir überhaupt kein eigenes Bild mehr von Weiblichkeit haben. Wir denken, dass wir nur schön sind, wenn wir schlank und durchtrainiert sind. Und wir erwarten das von uns selbst, völlig ungeachtet der Phasen, die wir durchlaufen, und der Leistungen, die unser Körper vollbringt. Wir rackern uns im Fitnessstudio ab, machen Sport nach Plan, bauen gezielt Muskeln auf, machen eine Diät nach der anderen und vergessen dabei wieder einmal völlig, dass unser Wesen und somit auch unser Körper zyklisch angelegt sind. Dass unser Körper und sein Erscheinungsbild sich mit unserem ureigenen Rhythmus bewegt und verändert, jeden Tag aufs Neue.

Und dass bei all den verbissenen Versuchen, irgendeinem festgelegten Ideal zu entsprechen, unser inneres Feuer immer kleiner brennt. Dass wir nicht von innen heraus leuchten können, wenn wir uns quälen und mit ständiger Unzufriedenheit und Disziplin bestrafen.

Mir ist klar, dass es zu einfach gesagt ist, dass wir unseren Körper einfach lieben sollen. Dass damit so vielen Frauen überhaupt nicht geholfen ist. Weil sie beispielsweise wirklich unglücklich mit ihrer Figur sind und sich nicht von heute auf morgen vor den Spiegel stellen und mit zufriedenem Lächeln anschauen können. Und das ist auch völlig in Ordnung. Eine Aufforderung zur Selbstliebe muss schließlich nicht bedeuten, dass wir uns und unseren Körper nicht mehr nach unseren *eigenen* Maßstäben betrachten dürfen. Wir dürfen selbstverständlich wahrnehmen, dass uns dies oder jenes nicht gefällt und wir uns mit ein paar Kilos mehr oder weniger einfach wohler fühlen würden. Selbstliebe schließt Phasen der Unzufriedenheit nicht aus.

Aber wir müssen uns dringend freimachen von den Schönheitsidealen, die uns *von außen* aufgedrängt werden. Es ist so wichtig, dass wir wieder unser eigenes Körpergefühl entwickeln und uns danach ausrichten. Und dass wir erkennen, dass Weiblichkeit nicht aus fremdbestimmten Körpermaßen besteht, sondern wir sie vor allem dann ausstrahlen, wenn wir ganz bei uns sind, wenn wir uns unserer Kraft und naturgegebenen Mystik und Magie bewusst sind und sie leben. Wir sind dann schön, wenn wir uns erlauben zu genießen, zu fühlen, wahrzunehmen, ruhig zu werden, wild zu sein, ungehemmt und frei, wenn wir uns nicht klein machen lassen, sondern uns über unseren Wert im Klaren sind und diesen nach außen tragen.

Schönheit ist keine Äußerlichkeit.

So viele von uns verschwenden ihre Lebensenergie für das Zählen von Kalorien und dem täglichen Gang zur Waage. Dem Hungern nach einem momentanen Schönheitsideal. Die Frage ist nur:

Wonach hungern wir hier eigentlich wirklich?

Ist es ein Hungern nach Anerkennung? Nach Wertschätzung? Nach Belohnung dafür, wie diszipliniert wir sind? Ein Hungern nach Bewunderung für unsere Anstrengungen, die sich in unserem perfekten Körper nach außen sichtbar machen? Ist es ein Hungern danach, wirklich gesehen zu werden, akzeptiert zu werden, zugehörig zu sein?

Schönheit ist jeder einzelnen Frau zugänglich, weil jede Frau die Schönheit in sich trägt. Wir überdecken sie nur häufig durch unsere frustrierte, verhärtete und zynische Art. Frauen, die sich ihrer Weiblichkeit unsicher sind, überdecken diese Unsicherheit häufig durch Bissigkeit und Härte, um ihre Stärke irgendwie unter Beweis stellen zu können und dem Gefühl, durch die Unsicherheit angreifbar und verletzbar zu sein, entgehen zu können. Aber auch hier gilt: Weiblichkeit ist weich, fließend, zyklisch. Jede aufgezwungene Härte wirkt ihr entgegen.

Deswegen müssen wir so dringend wieder unser weibliches Selbstbild zurückerobern und begreifen, dass wir Schönheit nicht durch Drill und Härte, sondern einzig und allein durch das Annehmen unserer Weiblichkeit erreichen. Durch das Zulassen von Weichheit und Genuss, von Leidenschaft und Rhythmus. Und durch die Erkenntnis, dass unser Selbstwertgefühl nur dann von Bestand sein kann, wenn wir es nicht länger auf unser Äußeres aufbauen, sondern auf unser Sein.

Und wenn wir uns dann im Spiegel anschauen, sehen wir eine Göttin, ungeachtet dessen, ob uns unser Körper gerade gefällt oder nicht. Wir sind dann in der Lage, tiefer zu schauen, unseren wunderschönen, weiblichen Wesenskern zu erkennen und zu lieben. Weil wir begreifen, dass unser Körper nur die Hülle unserer Seele ist. Und dann können wir diesen Körper ohne Selbsthass und Scham wahrnehmen und uns erlauben, mit uns entsprechenden Mitteln die Dinge zu ändern, die *uns ganz persönlich* stören. Und wenn es Dir entspricht, Dich beim Joggen oder beim Krafttraining bis an Deine Grenzen zu bringen, dann mach das. Wenn Du eher das Sanfte magst, und Dich beim Yoga oder beim Tanzen wohl fühlst, dann mach das. Schaue, was *Dir* gut tut. Was *Du* wirklich willst. Für *Dein* Wohlbefinden. Beantworte Dir ganz ehrlich die Frage, was hinter Deinem täglichen Fitnessprogramm, Deinem Diätplan oder Deiner Make-up Schicht steckt. Und wenn Du merkst, dass andere

Beweggründe als Deine ganz eigene, unbeeinflusste Zufriedenheit dahinter verborgen liegen, dann ändere etwas. Mach Dir bewusst, was *Du möchtest*, und nicht, was Du sein möchtest um den anderen zu gefallen.

Deine wirkliche Schönheit strahlt von innen heraus, wenn Du Dir erlaubst, zu leben und ganz bei Dir zu sein. Dein Körper alleine sagt nichts über Deine Schönheit aus. Liebe Deine innere, weibliche Schönheit und gehe sanft mit Deinem Körper um, forme und genieße ihn nach Deiner ganz eigenen Vorstellung.

Meine Erfahrung ist es, dass das Gefühl für die eigene Weiblichkeit förmlich explodiert, wenn sie bewusst wahrgenommen und beachtet wird. Als ich beispielsweise angefangen habe, meinen Zyklus zu beobachten, ihn in Zusammenhang mit den Mondphasen zu bringen und mir über dieses große Mysterium und die zugrunde liegende Magie immer bewusster zu werden, fühlte ich mich zunehmend weiblich und schön.

Mit jedem Genuss, den ich mir schenke, spüre ich diese tiefe Verbundenheit mit mir selbst und strahle dieses Gefühl auch aus. Manchmal stehe ich im prasselnden Sommerregen und fühle die pure Lebenslust, die Macht der Erde und des Lebens um mich herum, die weibliche Energie, die durch die Erde in mich überfließt. Und ich fühle mich so schön und frei und leuchte von innen heraus.

Schönheit liegt im Genuss verborgen.

Erlaube Dir, weich zu sein. Kleide Dich doch einmal ganz weiblich mit fließenden Stoffen, trage lange Röcke anstatt von Hosen, lasse Deine Haare offen auf Deine Schultern oder über Deinen Rücken fallen, anstatt sie zu bändigen. Schmücke Dich. Ohrringe, Armreifen, Fußkettchen und Ringe sind so weiblich. Und es müssen nicht immer die schlichten Varianten sein. Sanft klingende Fußkettchen mit Muscheln und Glöckchen, schwingende Ohrringe statt der dezenten Perlenohrstecker oder farbenfrohe Armbänder - zeig Dich, lebe Deine Weiblichkeit.

Lasse Dich überraschen, wie sich Dein Gefühl, Dein Gang und Deine Ausstrahlung verändert, wenn Du ab und zu Deine Hosen gegen Röcke eintauschst. Finde ein Bild für Deine ganz persönliche Weiblichkeit und trage dieses Bild nach außen.

Nutze Deinen Körper als Ausdruck Deiner inneren wilden Frau. Schmücke ihn, genieße ihn, spiegele seine Weichheit in Deiner Kleidung. Auch Tätowierungen können für manche Frauen eine schöne Art sein, die eigene Weiblichkeit auszudrücken. Die eigene Geschichte zu erzählen. Sie sind eine ganz besondere Form des Körperschmucks und waren in früheren Kulturen normal. Die wilden Amazonen Kriegerinnen beispielsweise hielten jedes wichtige Ereignis mit einer Tätowierung fest. Ich persönlich liebe es, meinen Körper auf diese Weise zu schmücken. Jede meiner Tätowierungen hat eine tiefe Bedeutung für mich und erinnert mich an verschiedene Stationen meines Lebens. In mir lösen sie ein zutiefst weibliches, archaisches Gefühl aus.

Egal, welche Art Dir ganz persönlich entspricht und gefällt, nutze sie ganz bewusst, um wieder einen liebevollen Blick auf Deinen Körper zu bekommen.

Du bist eine Göttin und Dein Körper ist Dein Tempel. Es ist Dein Recht, ihn nach Deinen Vorlieben zu schmücken und zu gestalten. Lass Dich nicht in Raster pressen, sondern folge Deinem Bauchgefühl, was Dir gut tut und was Du leben möchtest. Und ja, sei lustvoll auch Dir selbst gegenüber. Vergiss Deine anerzogene Scham und entdecke Dich. Verführe Dich selbst. Spüre Deinen weiblichen Körper mit allen Sinnen, erlaube Dir, Dich zu genießen. Denke daran: Schönheit liegt im Genuss verborgen.

Wenn Du Kinder zur Welt gebracht hast, erinnere Dich an diese übermenschliche Kraft, die Dein Körper in der Endphase der Geburt aufgebracht hat. Losgelöst von jeglicher Kontrolle hat er die Führung übernommen, genau gewusst, was nötig ist, und Dich durch dieses urweibliche Wunder geführt. Pure Kraft, ungehemmt, ungefiltert, rau, wild, alle Sinne raubend und völlig losgelöst von äußeren Einflüssen - dazu ist unser weiblicher Körper in der Lage. Kein Vorbereitungskurs, keine Hypnoseübungen und keine Entspannungstechnik kann uns auf diese unglaubliche Macht und Ergebenheit dem eigenen Körper gegenüber vorbereiten. Er führt uns mit uralter Weisheit und verändert unser Frausein komplett. Wie könnten wir diesen Körper nicht lieben?

Wir müssen uns erinnern, wie schön wir sind, unabhängig von der Form unseres Gesichtes, der Beschaffenheit unseres Haares oder der Anzeige auf unserer Waage.

GÖTTINNEN EINLADEN

'The Goddess does not rule the world;

She is the world.

Manifest in each of us, She can be known

internally by every individual,

in all her magnificent diversity.'

Starhawk

Für jede Form von Leben bedarf es männlicher und weiblicher Energie. Wir alle wissen das, und würden diese Tatsache nie in Frage stellen. Aber ausgerechnet bei der Schöpferkraft schlechthin akzeptieren wir ohne zu hinterfragen eine rein männliche Energie. Wir setzen das Göttliche auf einen einsamen Thron und reduzieren es auf das Männliche. Dass das nicht der Wahrheit entsprechen kann und jeder Logik entbehrt, leuchtet schnell ein. Der rein männliche Gott ist eine bewusst geschaffene Idee, mit dem Ziel, die patriarchale Herrschaftsmacht zu indoktrinieren und zu verankern.

Erich Fromm, deutsch-amerikanischer Psychoanalytiker und Philosoph, schreibt sehr treffend: „Der Gedanke, dass der Mann allein, mit seinem Munde, durch sein Wort, aus seinem Geist, lebendige Wesen schaffen kann, ist die widernatürlichste Phantasie, die nur denkbar ist; sie verneint alle Erfahrung, alle Wirklichkeit, alle natürliche Bedingtheit. Sie setzt sich über alle Schranken der Natur hinweg, um das eine Ziel zu erreichen: den Mann darzustellen als den schlechthin Vollkommenen, als den, der auch die Fähigkeit besitzt, die ihm das Leben versagt zu haben scheint, die Fähigkeit zu gebären. Diese Phantasie, die nur auf dem Boden einer extrem patriarchalischen Gesellschaft erwachsen kann, ist das Urbild allen idealistischen, sich über die natürlichen Bedingungen und Gegebenheiten hinwegsetzenden Denkens. Sie ist gleichzeitig der Ausdruck einer tiefen Eifersucht des Mannes auf die Frau, des Gefühls seiner Minderwertigkeit durch den Mangel dieser Fähigkeit, des Neides auf ihr Gebären können und des Wunsches, diese Fähigkeit, wenn auch mit anderen Mitteln, zu erlangen."

Über die letzten Jahrtausende wurden wir so beeinflusst und einer regelrechten Gehirnwäsche unterzogen, dass wir dieser völlig irrwitzigen Idee im wahrsten Sinne des Wortes unseren Glauben geschenkt haben. Die vorpatriarchale Religionsgeschichte wurde seit Beginn der patriarchalen Geschichtsschreibung konstant vertuscht und tabuisiert. Gleichzeitig wurde die Mutter-Göttin verketzert, diskriminiert und aus der Geschichte eliminiert, so dass wir uns im Laufe der Jahrhunderte komplett von ihr losgelöst haben. Dabei stand Gott die *Mutter* am Anfang der Geschichte.

Und diese Mutter-Göttin wurde in vielfältiger Weise verehrt, sie hatte verschiedene Gesichter und unterschiedliche Aspekte, die sich in jeder von uns Frauen widerspiegeln. Der Kernaspekt, der in allen Teilen der Welt verehrt wurde, ist die Leben spendende, nährende Eigenschaft der Göttin. Aus ihr geht alles hervor, sie bereichert und nährt. Mutter Erde, Mutter Natur. In so vielen Landschaftsbildern- und bezeichnungen erkennen wir noch heute die einstmals überall verbreitete Anbetung dieser kosmischen Mutter-Göttin.

Wir finden sie in zahlreichen Felsformationen, Steinen und Mutterbergen, wie beispielsweise dem Mount Everest, dessen ursprünglicher Name Chomolung-Ma lautet, was 'Mutter des Universums' bedeutet. Ebenfalls in Nepal befindet sich der Annapurna, die 'Göttin der Fülle'. In Europa wurde der 'To perivoli tis Panagias, was 'Garten der Allmutter' bedeutet, von patriarchalen Mönchen in 'Berg Athos' umbenannt. Das 'Matterhorn', also das Horn der Mutter in der Schweiz, ist uns allen ein Begriff. In Riedenburg im Altmühltal finden wir den Felsen 'Frauenstein von Riedenburg'. Ursprünglich bedeutete Riedenburg soviel wie

Ritenberg, hier wurden die alten Riten zu Ehren der Mutter-Göttin ausgeübt. Die Göttin wurde also in ihrer ganzheitlichen Sicht als 'kosmische Mutter' verehrt.

Daneben wurde sie in unterschiedlichen Kulturen mit verschiedenen Namen personifiziert und verehrt. Letztlich sind aber alle Göttinnen Eine. Sie sind alle personifizierte Teilaspekte der einen Mutter-Göttin, der Urmutter. Die Verbindung mit ihr gab den Menschen weitaus mehr tiefen Halt, als es ein isolierter Vater-Gott je vermögen könnte. Insbesondere für uns Frauen bedeutete die Anbindung an die Mutter-Göttin Orientierung und völliges Selbstverständnis, weil wir unsere psychischen und physischen Aspekte in ihr vereint gespiegelt sahen. Diesen Bezug haben wir dank Jahrtausende langer Arbeit des Patriarchats verloren. Dessen Ziel, die Göttin abzuschaffen und sie durch den Vater-Gott zu ersetzen, wurde durch das Erfinden der monotheistischen Religionen und der gnadenlosen Vernichtung aller Göttinnenfiguren, Symbole, Kulte und Rituale, erreicht. Innerhalb von nur sechstausend Jahren wurde bis auf den Grund ausgemerzt, was zuvor über Jahrzehntausende Bestand hatte und die Menschen in allen Kulturen weitaus friedlicher zusammenleben ließ, als es unter der männlichen Herrschaftsstruktur des monotheistischen Patriarchats möglich ist.

Für uns als Frauen hat diese Ausrottung der Göttin und die Verbannung jeglicher Gedanken und Verbindungen zu ihr weitreichende Folgen. Wir versuchen so oft verzweifelt, diesem uns vorgesetzten männlichen Gott gerecht zu werden, uns in stiller Genügsamkeit zu üben und die dunklen Aspekte in unserem Inneren versteckt zu halten. Wir spüren den Drang nach Spiritualität und suchen ihn in der Kirche, nur um irgendwann festzustellen, dass etwas tief in unserem Inneren unbefriedigt und fragend zurückbleibt. Dass sich irgendetwas daran falsch anfühlt.

Was, wenn wir endlich erkennen würden, dass unsere weibliche Spiritualität im kompletten Kontrast steht zum starren Gerüst des Christentums (und generell der monotheistischen Religionen)? Wir Frauen sind von Grund auf spirituell, unser Wesen ist darauf ausgerichtet. Aber nicht in starrer, einengender Form, sondern fließend, empfangend, gebend, dankend, frei, intuitiv. Der Versuch, die spirituelle innere Heimat in der Anbetung eines isolierten, vermännlichten Gottes zu finden, kann nur scheitern. Weil er unsere Wurzeln nicht widerspiegelt und uns so jegliche Verbindung zu uns selbst verwehrt.

Die Verbundenheit mit der Mutter-Göttin ist Teil unserer Geschichte als Frauen, und es ist jetzt an uns, die Erinnerungen an die Göttin mit all ihren Aspekten wieder zu wecken, sie wieder zum Teil unserer Kultur zu machen. All die Rituale, Erzählungen und Gesänge zu Ehren der Göttin wurden über Jahrtausende bewusst ausgerottet, um uns Frauen glauben zu lassen, es gäbe keine mächtigen Frauenbilder, keine weibliche

Stärke, keine Orientierung für unsere Weiblichkeit.

Gertrude R. Croissier, Psychotherapeutin und Autorin des wundervollen Buches 'Psychotherapie im Raum der Göttin' schreibt: „Die persönliche Leidensgeschichte von Frauen ist nicht getrennt von der schmerzlichen Kollektivgeschichte des Weiblichen im Patriarchat: Dem Schutz der alten Mutter-Göttin beraubt und von einem eifernden Vater-Gott dämonisiert, sind Frauen körperlich, emotional, geistig und spirituell heimatlos. Ohne liebevolle Spiegelung in einem mütterlichen Gottesbild aber, ohne Kontakt zu den weiblichen Wurzeln des Lebens, sind sie geschwächt und sich selbst fremd geworden. Heilung von Weiblichkeit braucht daher Rückbindung an den weiblich-göttlichen Ursprung des Lebens. Das Weibliche will in seiner Wertigkeit erkannt, will geheilt und ermächtigt werden."

Es ist an der Zeit, den Glauben und die Verbindung zu diesem weiblich-göttlichen Ursprung wieder aus der Verbannung zu holen. Ich lade Dich ein, auf eine Reise zur Göttin. Ich lade Dich ein, sie in ihren unterschiedlichen Aspekten kennenzulernen, und damit ein Stück weit auch Dich selbst.

Brigid

Der Kult dieser keltischen Göttin ist bis heute noch sehr

lebendig. Brigid ist die Schutzgöttin der Familien und der Häuser. Sie bewacht uns Frauen an den wichtigen Stationen unseres Lebens. Es wird gesagt, dass sie bei jeder Geburt anwesend ist und die Hebammen segnet. Traditionell werfen Frauen häufig heute noch am Abend einen Scheit Holz ins Feuer und bitten Brigid damit um Schutz und Segen.

Am 31. Januar bzw. am 1. oder 2 Februar wird zu Ehren Brigids das Fest Imbolc gefeiert (von den Christen wurde dieses Fest zu Maria Lichtmess umgewandelt). Dieses Fest liegt genau in der Mitte zwischen Wintersonnenwende und Frühjahrs-Tag und Nachtgleiche. Die Energie der Göttin verdrängt den Winter und heißt den Frühling willkommen. Das Licht kehrt zurück und es ist die Zeit für neue Ideen und Pläne.

Rituale für diese Zeit und mit Brigid an der Seite sind beispielsweise das Reinigen und Räuchern der Wohnräume, also das Aufräumen für den Neubeginn des Lebens. Auch das Anzünden einer Kerze ist ein schöner Brauch, um die Göttin einzuladen, da sie für die Rückkehr des Lichts verehrt wird. Sie steht für die Urkraft, die uns mit dem Licht auch die Wärme bringt. Zu ihrem Fest ist es auch Brauch, kleine Lichtschiffchen mit Kerzen und Wünschen in Bäche oder Flüsse zu setzen und es von diesen davon treiben zu lassen. Mehr zum Imbolc Fest findest Du im Kapitel 'Rituale & Bräuche aufleben lassen'.

Freyja

Sie ist die germanische Göttin des Glücks und der Liebe. Und noch heute verwenden wir ihren Namen täglich, auch, wenn es uns gar nicht bewusst ist. Unsere Anrede 'Frau' leitet sich von Freyja ab und bedeutet Herrin, Gebieterin.

Freyja war eine sehr mächtige germanische Göttin und wurde in vielen Lebenslagen angerufen. So zum Beispiel als Göttin der Liebe und des Glücks, der Gesundheit und der Fruchtbarkeit, als Göttin der Unterwelt, des Todes und der Geburt, als Himmelskönigin, Mondschein über dem Meer, Herrin des Schicksals, der Sterne, der Magie.

Es heißt, der Frauenmantel sei das Geschenk von Freyja. Diese besondere Pflanze stillt Blutungen, schließt Geburtswunden und hilft bei Frauenleiden von der Pubertät bis in die Wechseljahre.

Eine schöne Möglichkeit, mit Freyja in Kontakt zu treten, kann uns diese kleine Pflanze schenken, wenn wir ihr achtsam und mit dem Gedanken an diese große Göttin begegnen.

Inanna

Sie repräsentiert die mütterliche Figur der dreifachen Großen

Göttin, deren jungfräulicher Aspekt als Nana, und der der Unterweltsgöttin als Ereshkigal bekannt ist. Inanna ist Ausdruck der Fruchtbarkeit von Mutter Natur und somit ein Sinnbild für den Ursprung des Lebens.

Sie wird sehr weiblich und erotisch dargestellt, was darauf hinweist, dass Frauen zu vorpatriarchalen Zeiten nicht nur über ihre Fruchtbarkeit definiert wurden, sondern dass auch der Wunsch nach einem erfüllten Sexualleben Raum hatte.

Die mächtige Himmelsgöttin Inanna stieg hinab in die Tiefen zu ihrer dunklen Schwester Ereshkigal, der Göttin der Unterwelt. Symbolisch steht sie für die dunklen Seelenanteile, die nur geheilt werden können, wenn wir uns mit ihnen auseinandersetzen und konfrontieren. Auf diesem Weg musste Inanna die sieben Tore durchschreiten und nach und nach Insignien ihrer Macht ablegen, nacheinander Krone und Obergewand, Ohrgehänge, Halskette, Brustschmuck, Edelsteingürtel, Spangen von Händen und Füßen und Untergewand. So stand sie letztlich nackt vor Ereshkigal, die vor Zorn und Hass bebte und schrie. Konfrontiert mit ihrer dunklen, furchteinflößenden Schwestergöttin.

Wenn uns der Boden unter den Füßen weggezogen wird, wenn wir alle Masken fallenlassen, und wenn da nichts mehr ist, das uns Halt gibt, wird dieses Inanna-Ereshkigal Drama gespiegelt. Dann werden wir mit unseren dunklen, angstmachenden Seelenanteilen konfrontiert.

Inanna erinnert uns daran, dass Heilung nur durch das Hinabsteigen in die eigenen Tiefen, das Loslassen allen Scheins, geschehen kann.

Kali

Sie ist im Hinduismus eine bedeutende Göttin des Todes und der Zerstörung, aber auch der Erneuerung. Ihre Darstellungen wirken sehr befremdlich und abschreckend. Die Zunge rausgestreckt, hält sie Waffen und einen abgeschlagenen Kopf in der Hand, tanzt auf einem Leichnam und hat eine Girlande aus Totenköpfen um den Hals.

Kali bedeutet „die Schwarze, Dunkle", auch soviel wie „Tod und Zeit" und sie gilt als Göttin von Zeit, Wandel und Veränderung. Sie verkörpert den Zorn und kämpft gegen die Dämonen, um uns Menschen und die anderen Götter vor deren dunklen Kräften zu schützen.

Wenn wir uns mit der Kali Energie bewusst auseinandersetzen, uns also mit unseren eigenen Dämonen konfrontieren, lernen wir, uns unseren Ängsten entgegenzustellen. Indem wir sie ans Licht holen, sie beleuchten und gegen sie angehen, erhalten wir die

Möglichkeit, gestärkt daraus hervorzugehen. Oft kommt diese Kali Energie sogar von außen, von anderen Frauen. Hinter verletzendem, neidischen, unfairem oder aggressiven Verhalten von Schwestern, Töchtern, Müttern oder auch fremden Frauen steht manchmal vielleicht die Energie dieser Göttin. Achte einmal darauf, ob eine Lernaufgabe für Dich dahinter stecken könnte. Indem wir unsere Ängste benennen können, kennen wir unsere eigenen Dämonen und gewinnen die Macht über sie.

Pele

Die hawaiianische Fruchtbarkeitsgöttin, die ebenfalls wieder den urweiblichen Kreislauf von Werden und Vergehen verkörpert. Pele bringt mit der Lava bei einem Vulkanausbruch fruchtbaren, heiligen Boden. Boden aus dem Herzen der Erde sozusagen, der bei einer Eruption von innen nach außen geschleudert wird. Dieses 'Innere nach Außen kehren' kann uns daran erinnern, wie wertvoll es ist, sich in Offenheit und Vertrauen anderen Frauen mitzuteilen, unsere Innenwelt mit ihnen zu teilen. Gerade in einem Kreis von Frauen, diesem heiligen Raum, ist dies so gut möglich und geschieht wie von selbst.

Pele bringt aber auch Zerstörung, verkörpert hier also auch den Uraspekt des Loslassens, des Sterbens. Die heiße Lava und ihr Feuer kann alles zerstören. Pele ruft uns damit ins Gedächtnis, dass alles zerbrechlich und endlich ist. Entsprechend zu Peles dunkler Seite passen hier auch wieder die Göttinnen Kali und Erishkigal ins Bild, auch sie als dunkler Anteil der Mutter-Göttin. Wichtig zu verstehen ist hier, dass das Zerstören nie in Vernichtung endet, sondern damit gleichzeitig wieder die Voraussetzung für neues Leben geschaffen wird.

Pele lädt uns ein, uns auf Wandlungsprozesse einzulassen. So wie die Erde manchmal aufbrechen muss, um neues, fruchtbares Leben zu schaffen, so müssen auch wir bereit sein, unsere äußere Schale immer wieder aufbrechen zu lassen und Vertrautes loszulassen, damit wir (und unsere Beziehungen) wachsen und reifen können.

Mein Tip: schau Dir den wundervollen Film „Vaiana" einmal mit dem Blick auf die Göttin Pele an. Seitdem ich diese Verbindung im Film erkannt habe, bin ich tief berührt davon. Die Göttin, hier dargestellt als Te Fiti, deren Herz vom männlichen Halbgott Maui gestohlen wurde, und die seitdem tobend vor Schmerz mit ihrer schwarzen Lava alles Leben langsam zerstört. Die in den Augen der Menschen nur noch als dämonisch und böse wahrgenommen wird. Und die auf so schöne Weise zeigt, was passiert, wenn wir ihr - und damit sinnbildlich der großen Mutter-Göttin, Mutter Erde - ihre Kraft, ihr Herz zurückgeben. Nämlich Leben schenken, Fruchtbarkeit auf diesem zuvor vernichtenden Lavaboden. Ein zutiefst weiblicher Film, in dem Vaiana als junge

Frau die Verbindung an die vergessene Mutter-Göttin wiederherstellt, und in dem ihre Großmutter als alte Weise gezeigt wird, die die Existenz dieser Göttin - entgegen aller männlichen Verschleierungstaktiken - nie angezweifelt hat.

Ich lade Dich ein, der Ur-Göttin wieder einen Platz in Deinem Leben einzuräumen. Vielleicht hat Dich eine bestimmte Personifizierung besonders angesprochen, vielleicht brauchst Du aber auch Zeit, um Dich mit diesem neuen Gefühl vertraut zu machen. Das ist nicht verwunderlich, wenn wir bedenken, über welch lange Zeit uns nur vom Gegenteil erzählt wurde. Vielleicht spürst Du aber auch direkt auf tiefster Ebene die Wahrheit und das Gefühl, als würden sich die tausend Puzzleteile in Deinem Kopf endlich zusammenfügen. Die Puzzleteile einer fraglichen Religion und Weltanschauung, die sich mit dem Wissen um die Mutter-Göttin zu einem Ganzen fügen können.

Lass die Gedanken und Gefühle fließen (das können wir Frauen ja besonders gut), schau, was sie mit Dir machen. Achte darauf, ob bestimmte Aspekte in der nächsten Zeit zu Dir sprechen. Wenn Du magst, lade diesen Aspekt, diese Göttin, noch näher zu Dir ein. Beschäftige Dich mit ihr, schenke ihr einen Platz in Deiner Wohnung in Form einer kleinen Figur, einer Zeichnung oder einfach in symbolischer Form.

Schön ist es auch, die Mutter-Göttin mit in Deinen Tag zu

nehmen. Besinne Dich morgens auf sie, schenke ihr Deine Gedanken. Als ich damit begonnen habe, hat sich immer sofort ein Glücksgefühl eingestellt, als würde meine Seele jedesmal laut *Ja* schreien. Während meiner ganzen Jahre, in denen ich mich intensiv mit dem christlichen Glauben abgemüht habe, habe ich nicht ein einziges Mal dieses Gefühl der Wahrheit und der Verbundenheit gespürt. Immer blieb ein ernüchterndes Gefühl der Distanz. Ich kann Dich nur ermutigen, diese (zugegebenermaßen ungewohnten) Schritte zu gehen und zu schauen, wohin der Weg Dich führt. Definitiv ein Stückchen weiter auf Deinem Weg der inneren Sehnsucht und dem Pfad der wilden Frau.

ZUHAUSE IN DER NATUR

'No matter where

she was in the world,

she always found her

true nature in nature'

Rebecca Campbell

Die Natur ist die tiefste Verbindung zu unseren Wurzeln. Egal, wie verloren oder haltlos wir uns fühlen, in der Begegnung mit der Natur finden wir Ruhe und Klarheit. Wir als Frauen sind sehr tief mit der Natur und ihren Kreisläufen verbunden, unsere Körperlandschaft ist sinnbildlich gesehen ein Spiegel der Natur um uns herum. Wir tragen den ewigen Kreislauf aus Werden, Gebären und Vergehen in uns, genauso, wie es der Mond und auch die Jahreszeiten im ständigen Wechsel tun. Seit Anbeginn der Zeit folgt die Natur diesem Rhythmus und hat uns als Frauen das Geschenk mitgegeben, uns an ihr orientieren zu können.

Wir sind dazu aber nur in der Lage, wenn wir in Verbindung mit der Natur leben. Und das haben die allermeisten von uns leider verlernt. Vielmehr als ein Spaziergang auf angelegten Wegen ist meist nicht drin. Auch das ist natürlich schon ein Ausgleich zum hektischen Alltag, aber wirkliche Tiefe und Verbundenheit können wir so nicht erfahren.

Wir sind Natur. Keine getrennten Wesen, die sich nur ihr aufhalten, sondern ein Teil von ihr. Geh einmal mit diesem Gedanken raus in den Wald, den Park oder an einen sonstigen Ort, der Dir gefällt. Bewege Dich langsam, ziellos, schaue Dich um und sage Dir immer wieder

Ich bin Natur. Hier gehöre ich her. Diese Stille, dieses vertrauensvolle Werden und Vergehen, diese Selbstverständlichkeit des Wachsens und Mitschwingens im Lauf der Jahreszeiten, liegt auch in mir verborgen.

Ich bin ein Spiegel all dessen.

Die Natur schenkt uns Heilung, indem wir uns in ihr bewegen und aufhalten. Alleine ihr Dasein wirkt sich auf unser gesamtes Nervensystem beruhigend aus. Sie ist eine unerschöpfliche Kraftquelle, die uns immer offen steht, an die wir jederzeit andocken können. Den Zugang finden wir aber nur über die Stille, über die bewusste Achtsamkeit und das Einlassen auf die Bilder, Gerüche, Formen, Farben und Energien um uns herum. Ein schneller Spaziergang, am besten noch mit dem Blick nach unten oder aufs Smartphone, ist in diesem Falle völlig zweckfrei.

Versuche einmal, die Natur ganz bewusst zu sehen, sie wirklich wahrzunehmen. Die Bäume um Dich herum beispielsweise. Bleib einmal stehen und schau sie Dir an. Sie sind ein so wunderschönes Symbol für Standhaftigkeit, Geduld und Vertrauen. Jahr für Jahr stehen sie da, fest verwurzelt, unerschütterlich, sie lassen die Jahreszeiten über sich ergehen, ertragen die kältesten Zeiten, immer im Vertrauen darauf, dass es weitergeht. Sie trotzen den größten Stürmen, indem sie sich mit ihnen bewegen, sich im stärksten Wind biegen und beugen, ihm nachgeben, um zu überleben. Sie graben ihre Wurzeln tief in den Boden, verankern sich fest in der Erde, um aufrecht und stark in den Himmel wachsen zu können.

Die schönste Möglichkeit, wieder Verbindung zur Natur aufzubauen ist es, sie ganz intuitiv zu erleben. Nimm Dir die Zeit, und gehe ohne Plan und Ziel nach draußen. Laufe langsam und aufmerksam. Gleichmäßig. Rieche. Spüre. Achte darauf, wo es Dich hinzieht. Und gehe diesem Weg nach. Auch, wenn er weg vom angelegten Weg führt. Vertraue Deiner Intuition. Achte auch darauf, wonach es Dich sehnt. Du hast das Gefühl, dass Du Dich an den mächtigen Stamm der alten Eiche lehnen magst? Tu das. Du willst wissen, wie sich der erdig sandige Boden zwischen Deinen Händen anfühlt? Knie Dich hinunter und vergrabe Deine Finger in der Erde. Du sehnst Dich danach, das weiche Moos unter Dir zu spüren? Leg Dich hinein. Wonach auch immer es Dir ist, *tu es*. Verbinde Dich. Komm nach Hause. Es wird sich komisch und ungewohnt anfühlen, aber das kommt nur daher, weil wir es überhaupt nicht mehr gewohnt sind, im Einklang und in Verbindung mit der Natur zu leben. Für unsere Ahnen war das völlig normal. Sie waren tagtäglich draußen, um Heilkräuter zu sammeln und ihre Naturrituale durchzuführen.

Und auch hier schiebt uns unsere Hexenwunde unbewusst einen Riegel vor. Flüstert uns leise ein, dass der Wald gefährlich sei. Dunkel und böse. Von Hexen für ihre magischen Rituale aufgesucht. Und auch, wenn unser Verstand uns sagt, dass das völliger Quatsch ist, hört ein Teil von uns doch noch auf das leise Flüstern. Aber wir haben das Recht darauf, uns unsere naturgegebenen Gebiete zurückzuholen. Wieder *mit* der Natur, statt nur neben ihr zu leben.

Also bleib im Regen stehen, statt ihm auszuweichen, spring mal wieder in Pfützen, auch wenn Du denkst, dafür zu alt zu sein, atme den Duft von frischem Sommerregen, gepressten Heuballen, verschiedenen Blüten tief in Dich hinein, verreibe Erde zwischen Deinen Fingern, umarme Bäume, lege Dich mitten hinein in diese pulsierende Lebendigkeit.

Geh öfter barfuß, verbinde Dich dadurch mit den Energien der Erde, erde Dich im wahrsten Sinne des Wortes. Durch den direkten Hautkontakt mit natürlichem Boden gleichen sich unsere Energiefelder mit dem der Erde aus. Durch die ständige Konfrontation mit Stromnetzen, PCs, WLAN, Mobilfunknetzen und so weiter, lädt sich unser Körper konstant positiv auf. Und weil dadurch freie Radikale, Entzündungsmacher sozusagen, entstehen, versucht unser Körper, diese positive Auflading auszugleichen. Da das Magnetfeld der Erde mit stark negativ geladenen Elektronen ausgestattet ist, ist das barfuß laufen eine ganz einfache Art, unsere überschüssige elektromagnetische Ladung an die Erde abzugeben und unseren Körper zu heilen und zu regenerieren. Außerdem ist es einfach ein wunderbares Gefühl, die verschiedenen Untergründe bewusst zu spüren, achtsam zu gehen, anstatt mit dicken Gummisohlen gefühllos darüber hinwegzulaufen.

Oft betrachten wir auch die Jahreszeiten als lästig, insbesondere den Winter nehmen wir als feindlich und grausam wahr. Wir fühlen uns von ihm regelrecht eingesperrt, in der Dunkelheit eingeschlossen, beengt, leblos. Dabei können die Wechsel der Gezeiten uns auch eine Anleitung sein. Genau wie unser innerer Zyklus und der Mondzyklus, spiegelt auch der Jahreszeitenzyklus unsere inneren Jahreszeiten wieder. Und der Winter fordert in jeder Hinsicht zum Rückzug, zum Innehalten, zum Verweilen auf. Zum Rasten. Zur Innenschau, wenn im Außen wenig Licht ist. In der Dunkelheit und der Stille beginnt das Leben, hier werden Neuanfänge geboren, wie auch Tala Mohajeri so schön beschreibt: „In den Tiefen, an den dunkelsten Stellen, dort, wo kein Licht hinkommt, keimt das Leben. Egal, ob in den Gebärmüttern aller Säugetiere, in fruchtbarer Erde oder in der Schutzhülle eines Eis. Leben beginnt im Dunkeln."

Das Problem ist nur, dass wir in unserer Gesellschaft mit ihrem schnellen, stromlinienförmigen Alltag nicht darauf eingerichtet sind, anzuhalten. Wir sind gezwungen, den Lebensstil des Sommers mit seiner Energie und Extrovertiertheit auch im Winter weiterzuleben. Und das bringt uns häufig an unsere Grenzen. Weil wir dafür nicht geschaffen sind. Depressionen sind dann oft der verzweifelte Ausdruck unseres Körpers, uns zum Ausruhen zu zwingen.

Sprechen wir das Wort Depression einmal englisch aus, hört es sich an wie „deep rest". Ein tiefes Ausruhen, eine tiefe, erholsame Rast. Danach verlangt unser Körper. Zu früheren Zeiten folgten die Menschen dem Jahreslauf noch intuitiv (und auch gezwungenermaßen), weil sie einfach nicht die Möglichkeiten hatten, sich den Winter mit elektrischem Licht zum künstlichen Sommer zu machen. Gesundheitlich gesehen war das ein großes Glück für sie, denn sie achteten dadurch unbewusst auf die natürlichen Bedürfnisse und Phasen ihres Körpers. Wir hingegen taumeln heutzutage ohne Richtung und Bezug zum großen Ganzen durch unser Jahr, ungeachtet dessen Aufforderungen und Hinweisen für ein rhythmisches, ausbalanciertes Leben. Im Kapitel 'Rituale & Bräuche wieder aufleben lassen' findest Du schöne Anregungen für die verschiedenen Jahreskreisfeste.

Die Natur ist unsere Verbündete, unsere Wegweiserin, unsere Vertraute. Sie hat es verdient, dass wir wieder achtsamer mit ihr umgehen. Sie anschauen und wahrnehmen in all ihrer Schönheit, ihrer Stärke. So wie wir von unseren Männern gesehen werden wollen, wirklich *erkannt* werden wollen, so möchte auch unsere Erde wieder geschätzt und gesehen werden. Wir sind es gewohnt, nur zu nehmen, ihr ihre Fruchtbarkeit einfach vorauszusetzen, ihre Früchte zu ernten und ihr keine Zeit zum Ruhen zu lassen. Wir fordern immer mehr und mehr, erwarten immer größere Erträge und nehmen ihr im Gegenzug so vieles. Wir überfordern unsere Erdmutter und ignorieren dabei ihre deutlichen Hilfeschreie, die sie uns in Form von Naturkatastrophen vermittelt.

Der Zustand und der Umgang mit unserer Erde erinnert mich an uns Frauen selbst. Auch wir werden seit Jahrtausenden nicht unserer ureigenen Natur nach behandelt, werden in Formen gepresst, in Erwartungshaltungen, die wir kaum erfüllen können, die uns Kraft rauben und uns oft vollkommen überfordern und krank machen. Die immense Zahl verschleppter, und zur Prositution gezwungener Frauen und Mädchen zeigt auf grausame Weise, wie auch unsere Fruchtbarkeit und Sexualität missbraucht und ausgebeutet wird.

Genau wie die Natur leben wir Frauen in Zyklen, die in sich so richtungsweisend und stimmig sind wie der perfekte Naturkreislauf selbst. Aber weder uns selbst noch unserer Erde gestehen wir diese Zyklen zu. Und genau wie wir, scheint auch die Natur dadurch am Limit ihrer Kräfte angelangt zu sein. Deswegen ist es von so großer Bedeutung, dass gerade wir Frauen wieder einen liebevollen Blick für sie bekommen, uns mit ihr verbinden, unsere Weisheiten in sie hineinflüstern und ihre Stärke durch uns fließen lassen. Sie schenkt uns so vieles, und wir haben verlernt, es zu schätzen und wahrzunehmen.

Alicia Kusumitra, Schamanin und Mayapriesterin, beschreibt es sehr treffend: „Wir haben verlernt, um Erlaubnis zu fragen, ob wir überhaupt Zugang zu einem heiligen Ort bekommen dürfen. Wir haben vergessen, wer wir sind und wer Mutter Erde tatsächlich ist. Wir haben vergessen, dass alles lebt und mit uns spricht. Wir haben vergessen, zuzuhören."

Es ist jetzt an uns, all das wieder zu lernen, um im vertrauten, ursprünglichen Verhältnis mit der Natur um uns herum zu leben. Um unsere Kraft aus ihr zu schöpfen, uns in ihr gespiegelt zu sehen und die Weiblichkeit im großen Ganzen um uns herum zu erkennen.

ÖFFNE DICH -

SEMINARE ALS INSPIRATIONSQUELLE

'Wir alle wissen mehr als das,

wovon wir wissen, dass wir es wissen.'

Thornton Wilder

Seminare hören sich vielleicht erst einmal aufwändig, zeitintensiv und irgendwie unnötig für Dich an. Aber ich kann Dir versichern, sie sind es wert. Mir haben sie gerade bei meinen ersten Schritten den Weg heller gemacht, und mir Stück für Stück einen konkreteren Eindruck meiner Reise geschenkt.

Das üblichlicherweise verankerte Bild eines Seminars ist zumeist sehr steril, formsteif und trocken. Ein Frauenretreat aber ist etwas ganz anderes. Fließend, klingend, weich, vertrauensvoll, voller Tanz und Bewegung. Weiblich eben. Und zudem absolut vollgepackt mit Wissen. Mit tiefen, weiblichen Wissen. Und hier empfinde ich es immer wieder so, dass ein Teil dieses Wissens ganz praktisch vermittelt werden kann, beispielsweise durch das Erzählen von alten Geschichten, Mythen und anderen Überlieferungen. Zum anderen aber auch auf nicht sicht- oder hörbare Art und Weise. Einfach durch das Erinnern unseres Unterbewusstseins, das sich durch den Kreis von Frauen, den Ritualen, Geschichten und Tänzen sofort mit dem kollektiven Gedächtnis verbindet und uralte, abgespeicherte Informationen hervorholt. Diese Momente des tiefen Erinnerns machen mich jedes Mal aufs Neue sprachlos und demütig. Weil sie mir zeigen, dass ich auf dem richtigen Weg bin, und dass alles Wissen, jede Information, bereits in mir vergraben liegt. Dass ich sie nur wieder ans Tageslicht befördern muss. Und genau dafür sind Seminare unbezahlbar.

Sie sind sozusagen ein über Tage zusammenwachsender Frauenkreis. Meist für die Dauer von drei bis sieben Tagen. Durch diese Fülle an Zeit ist es möglich, sich wirklich komplett fallenzulassen, einzulassen. Und auch hier gilt, genau wie beim üblichen Frauenkreis in kleinerem Rahmen: Jedes Retreat sieht anders aus, legt andere Schwerpunkte und wird auf ganz eigene Weise gestaltet.

Mein allererstes Seminar was das 'Wolfsfrau' Seminar, angelehnt an das gleichnamige Buch von Clarissa Pinkola Estés (das eine wunderbare Einführung in weibliche Mythen ist). Durch dieses Buch hatte ich Feuer gefangen und begab mich auf die

Suche nach einer Möglichkeit, das gelesene auf irgendeine Art erleben zu können, die Wahrheit, die ich dahinter verspürte, fühlen zu können. So bin ich dann auf dieses Seminarangebot gestoßen und habe mich voller Vorfreude und mit großer Nervosität angemeldet. Ich konnte mir noch überhaupt nichts darunter vorstellen. Aber ich habe es von der ersten Sekunde an geliebt. Mein Feuer wurde geschürt und meine Sehnsucht immer stärker.

Rückblickend und im Vergleich mit den anderen Retreats, die ich seitdem besucht habe, kann ich sagen, dass das Wissen und die Informationen auf dem Wolfsfrau Seminar überwiegend auf praktische Art vermittelt wurden. Wir saßen zwar auch im Kreis zusammen, haben auch getanzt, getönt und geräuchert, aber dadurch, dass sie Seminarleiterin ihre Rolle wirklich nur als solche ausgefüllt hat (aber das auf wunderbare Art und Weise) und sich nicht in den Kreis eingebracht hat, entstand kein so tiefes Eintauchen und Absinken in das Unbewusste, wie es in meinen anderen Retreats passierte. Aber damals war das so genau richtig und passend für mich. Es war sozusagen ein sanfter Einstieg in das Thema, und hat mir neben unzähligen Informationen trotz allem auch Bruchstücke von Erinnerungen geliefert, wie über das gemeinsame Tönen und die Aufstellungsarbeit mit der weiblichen Ahnenlinie am letzten Tag.

Die Retreats, die ich jetzt auswähle, unterscheiden sich ganz deutlich. Sie sind tatsächlich ein Frauenkreis außerhalb von Zeit und Raum und erreichen dadurch eine Tiefe, die es ermöglicht, Weisheit und Wissen auf zellulärer Ebene zu erfahren. Es wird mit bestimmten Themen gearbeitet, wobei das 'arbeiten' hier ein geschehen lassen, einlassen, loslassen bedeutet. Nicht so sehr auf praktische Art durch reine Informationsweitergabe, sondern durch spüren und erleben wird hier Zugang zu den Themen ermöglicht. Natürlich hängt die Tiefe der Erfahrung auch ganz immens von der Frau ab, die den Kreis und das Seminar leitet. Davon, ob sie sich als Teil des Kreises wahrnimmt oder nur als Veranstalterin. Sobald sie sich auf irgendeine Art und Weise außen vor lässt, verweigert sie auch den Teilnehmerinnen ein wirkliches Versinken und seelisches Entblößen. Meiner Meinung nach gewinnt ein Seminar erst an Tiefe, wenn es keine Beobachter gibt, sondern nur Frauen, die sich alle auf derselben Ebene begegnen. Dazu gehört natürlich die Kunst, sich sowohl als Teil des Kreises mitnehmen zu lassen, als auch gleichzeitig den Raum zu halten und zu führen.

Ich finde es wahnsinnig wertvoll und spannend, bei solchen Retreats gemeinsam mit anderen Frauen an Themen zu arbeiten und mich dabei selbst zu entdecken. Ein Seminar ist die beste Möglichkeit, sich selbst immer besser kennenzulernen, wie eine Zwiebel, die man Schicht für Schicht freilegt bis zum Kern.

Es gibt zahlreiche Angebote, wenn leider auch noch nicht

überall. Für jedes meiner Seminare bin ich bislang einige Stunden angereist. Aber das war es immer wert. Schau Dich einfach um nach Möglichkeiten in Deiner Nähe, nach Themen, die Dich ansprechen, die in Dir resonieren. Schau Dir Bilder und Eindrücke vergangener Retreats an, um ein Gefühl dafür zu bekommen, ob es zu Dir passt. Scheue keine Entfernung und (soweit Du es stemmen kannst) keine Kosten. Du wirst auf jeden Fall bereichert aus diesen Tagen hervorgehen. Und das Beste ist: Du findest Dein 'Rudel', Deinen Stamm sozusagen. Die Frauen, die dieselben Gedanken und Sehnsüchte teilen, die wissen, wovon Du redest. Du findest Freundinnen und Schwestern, die im Herzen und im Geiste ganz bei Dir sind.

ERINNERUNGEN WECKEN

DIE KRAFT DES FRAUENKREISES

'In a circle of women we heal.'

Unbekannt

Seit Ewigkeiten haben sich Frauen in Kreisen zusammengefunden, haben Geschichten miteinander geteilt, getanzt, gesungen, geheilt, Wissen weitergegeben, einander Raum gehalten und sich spirituell miteinander verbunden. Das Ritual des Zusammenkommens und die Kraft dieser Kreise ist etwas, das in unserer heutigen Zeit komplett unterschätzt wird. Weil wir auch hierzu die Verbindung verloren haben.

Die einzigen Zusammentreffen mit anderen Frauen kennen wir als Tratschrunden, als Shoppingtouren oder im kleinsten Kreis mit der besten Freundin. Und ja, das ist natürlich auch alles wertvoll und wichtig (und macht einfach Spaß). Aber es füllt nicht diesen

Platz in unserem Herzen und in unserem tiefsten Unterbewusstsein, der sich nach dem rituellen, heiligen Kreis von unterschiedlichsten, starken, wissenden, suchenden, heilenden, sehenden Frauen sehnt. Dem Kreis, in dem alles sein darf, in dem der Alltag in den Hintergrund rückt und in dem Gefühle und Emotionen wieder Raum bekommen. In dem Platz ist für die Stille und die Versunkenheit, genauso wie für das Feuer, das tiefe, lebendige Empfinden.

Sich in solchen Kreisen zu versammeln, entspricht unserem innersten Wesen als Frau. Und tief im Inneren sehnen sich die allermeisten Frauen nach dieser Art der Verbindung, auch, wenn es ihnen gar nicht bewusst ist. Unser kollektives Gedächtnis erinnert sich an dieses Gefühl, diese mystischen, magischen Momente, die entstehen, wenn sich Frauen auf diese Art miteinander verbinden und einander Raum geben. Dieses 'Erinnern' nehmen wir oft nur als unerklärliche Sehnsucht war, als Unzufriedenheit (obwohl wir doch augenscheinlich 'alles haben'). Wir spüren, dass uns irgendetwas fehlt und versuchen, es anderweitig zu kompensieren. Erfolglos. Die Sehnsucht bleibt.

Bei einem Frauenkreis habe ich mit einer Freundin über die Frage nachgedacht, wie wir uns als Frauen gegenseitig wieder mehr stärken, uns in unsere Kraft zurückbringen könnten. Natürlich fängt die Lösung hier schon ganz klein an, nämlich, indem wir endlich damit aufhören, uns so häufig mit Missgunst und Neid zu betrachten. Indem wir mit unseren Zickereien und Lästerein aufhören und einander wertschätzen. Indem wir im Kleinen anfangen, und unsere Hexenwunde heilen, die uns immer noch mit gegenseitigem Misstrauen quält. Mehr gegenseitige Unterstützung, Achtung und Wohlwollen sind ein guter und wichtiger Anfang.

Aber - und das ist elementar wichtig auf unserem Weg zurück in unsere weibliche Stärke und zu uns selbst - wir brauchen Frauenkreise, um zu heilen, um zu unseren Wurzeln zurückzufinden. Ich bin absolut überzeugt davon, dass wir nirgendwo anders dieses immense Gefühl der Erinnerung an unsere Urweiblichkeit geschenkt bekommen, als in einem heiligen Raum mit anderen Frauen.

Im Kapitel 'Die Richtung einschlagen' habe ich schon darüber gesprochen, dass der Weg zur inneren Frau, der Weg, der eigenen Sehnsucht zu folgen, für jeden ganz individuell aussehen kann. Dass es aber auch eine 'Hauptroute' gibt, mit Stationen, die uns direkt mit unseren kollektiven Erinnerungen und Sehnsüchten verbinden und uns ein Gefühl für die tiefe Wahrheit unseres Sehnens geben. Der Frauenkreis ist eine dieser Stationen. Er gehört zur Hauptroute auf diesem Weg. Wir brauchen diesen heiligen Ort, um uns zu erinnern. Diesen Ort, an dem wir einfach sein dürfen, an dem nicht gewertet und nicht erwartet wird. An dem wir unsere tiefsten Ängste und

Geheimnisse offenbaren dürfen und uns in der Sicherheit des Raumes fallen lassen können. An dem wir uns mitteilen dürfen und wirklich gehört werden. An dem wir für nichts verurteilt werden. Wir brauchen diesen Ort, um wieder eine Verbindung zu unseren Ahninnen zu spüren, die sich auch schon in Kreisen zusammengefunden haben. Den Ort, an dem wir uns in der Stärke unserer Weiblichkeit sehen können und einander gegenseitig stärken können.

Meiner Erfahrung nach, berührt der Frauenkreis jede Frau nachhaltig. Wir sind es nicht mehr gewohnt, uns gegenseitig zu öffnen, uns wirklich zu zeigen, unsere Masken fallen zu lassen und einfach echt zu sein. Nichts mehr zu überspielen oder uns hinter endlosen Wortschwallen zu verstecken. Selbst vor unseren Freundinnen verstellen wir uns viel zu oft, lassen uns mitreißen von unzähligen Erwartungshaltungen und funktionieren und agieren häufig nur mit unserem Verstand. Aus diesem ganzen Druck und der Anspannung heraus dann den Platz im Kreis einzunehmen ist für viele (mich eingeschlossen) wie ein plötzliches Augen öffnen, ein nach Hause kommen, ohne gewusst zu haben, dass man weg war. Weil wir tief in uns wissen, dass wir verbunden sind, dass wir als Frauen schon immer verbunden waren und über eine Macht und Stärke verfügen, die uns fast vernichtet hat. Wir erinnern uns im tiefsten Inneren, in unseren Zellen, an die Zeiten der Erniedrigung, der Verfolgung und der

Unterdrückung.

Uns ist bewusst, dass uns etwas verbindet, das tiefer reicht als jede Antipathie, jeder Neid oder jede Lästerei. Wir spüren sie plötzlich im Frauenkreis, diese Verbundenheit. Und sie rührt uns zu Tränen. Wir können als Frauen wieder offen und frei in diesen rituellen Kreisen zusammenkommen und das macht uns bewusst, dass der Weg, den unsere Ahninnen gegangen sind, nicht umsonst war. All diese Gefühle bahnen sich bei vielen Frauen im Kreis ihren Weg nach außen. Gemeinsam zu tanzen, zu singen und zu reden, alte Rituale zu teilen und Erinnerungen weiterzugeben, bringt etwas in uns zum Klingen, das wir bis dahin nicht (mehr) kannten.

Der Zauber, die Magie und die Kraft eines solchen Kreises ist nur schwer in Worte zu fassen. Die Verbindung, die entsteht, wenn sich Frauen mit demselben tiefen Ruf seelisch nackt voreinander stehend aufeinander einlassen, ist mystisch und tief ursprünglich zugleich. Wenn alle Masken fallen, bleibt nur noch die Frau in ihrer wahren Essenz übrig. Offen, verletzbar, wild, schön und echt. Ein Spiegel für die anderen im Kreis. Kein höher oder tiefer mehr, kein besser oder schlechter. Einfach nur ein Seelenspiegel. Ohne Bewertung, frei von ewigen Vergleichen. Und genau hier entsteht dieser ursprüngliche Raum, der Frauen in tiefster Ehrlichkeit und Verbundenheit verschmelzen lässt. Zu Schwestern im Herzen. Die einander auch nach Auflösung des

Kreises den Raum halten, sich tragen, miteinander atmen und die Trommel füreinander schlagen.

Bei meinem ersten Frauenkreis haben wir gemeinsam getönt. Ich hatte das zuvor noch nie gemacht und meine Scheu war anfangs ziemlich groß. Fünfzehn Frauen begannen dann zunächst sehr zaghaft und sanft, die Töne in den Raum zu singen. Aber dann wurde es immer kräftiger, lauter, intensiver. Die verschiedensten Vokale und Töne schwirrten durch den Raum, wir hielten uns an den Händen, hatten die Augen geschlossen, und ließen unsere Seele singen. Ich kann dieses Gefühl dabei nur schwer beschreiben. Es war pure Gänsehaut und alles in mir erinnerte sich. Es war, als hätte ich noch nie etwas anderes getan. Es war mächtig, es war geheimnisvoll, es war voller Magie und Weisheit. Es war, als würden wir all die Frauen, die vor uns da waren, befreien und sie hinter uns stellen. Es war unglaublich bereichernd und erfüllend.

Jeder Kreis ist anders. Und in jedem Kreis werden unterschiedliche Dinge gemacht und Gewichtungen gelegt. Das gemeinsame Tönen ist nur ein Weg, um in unserer Erinnerung schlagartig zurückzureisen. Aber jeder Frauenkreis, der in der Absicht zusammengerufen wird, die heilige Weiblichkeit zu erkennen und zu ehren, Raum dafür zu schaffen, wird genau das bewirken. Und jede Frau, die einmal diese Erfahrung gemacht hat, wird sich fragen, wie sie es bisher nur ohne sie ausgehalten hat.

Claudia Taverna, die Gründerin von Womanessence und Leiterin wunderschöner Frauenkreise und tief berührender Seminare, hat es ganz treffend ausgedrückt: „Der (Frauen-)Tempel ist wie ein heiliger Fluss. In ihn einzutauchen und uns seinem lebendigen Fließen anzuvertrauen, hilft uns auch im täglichen Leben, alle möglichen Zustände und Herausforderungen anzunehmen, anstatt in den Widerstand zu gehen, alte Geschichten zu nähren oder in Vermeidungsstrategien abzudriften, die uns entweder verspannen, in die Lethargie treiben oder unbewusst werden lassen."

Im geschützten Raum des Frauenkreises heilst Du Dich selbst. Tiefe Heilung für Deine Seele ist hier durch die Rückverbindung an den weiblichen Ursprung möglich. Gehalten sein, unbewertet, gesehen als das, was Du bist. Aufgenommen, angenommen, angekommen. Der Weg dieser Heilung, den Du so mutig für Dich gewählt hast, ist weitaus wertvoller, als es die meisten Menschen annehmen würden. Ich kenne das Gefühl, belächelt zu werden, wenn ich mal wieder 'irgend sowas Esoterisches' mache. Aber das sind eben nur die Unwissenheit und die blinden Vorurteile derjenigen, die weiter im vertrauten Hafen sitzen möchten und lieber auf andere schauen, als auf sich selbst (und die eigentlich gar nicht wissen, was sie unter Esoterik überhaupt verstehen).

Fakt ist - indem Du Dich selbst heilst, tust Du etwas sehr weitreichendes, für Deine Ahnen, Deine Familie und die kommenden Generationen. Auch hier kommt wieder unser kollektives Bewusstsein zum Tragen und die Energien, die auch von unseren längst verstorbenen Ahnen immer noch spürbar sind. Wir tragen alte Verletzungen mit uns herum, von denen wir oft nicht einmal wissen, wieso wir sie spüren. Weitergegeben von Generation zu Generation, und nie betrachtet und geheilt, lasten sie nun auf uns. Und wir sind jetzt diejenigen, die sich daran machen, sie noch einmal zu spüren, zu erkennen und zu heilen. Für uns und für unsere gesamte Ahnenlinie.

Außerdem - und das finde ich enorm beeindruckend - schaffen wir durch unser Tun die Möglichkeit, das kollektive Bewusstsein für die kommenden Generationen neu zu programmieren. Denk einmal darüber nach, wie unfassbar wertvoll es ist, dass wir beeinflussen können, welches Frauenbild die Frauen in fünfzig oder hundert Jahren haben werden. Indem wir uns der Aufgabe stellen, uns von vergangenen Traumata zu heilen, uns unsere weibliche Stärke zurückholen und die Königin wieder auf ihren Thron zu setzen, wie Veit Lindau es so schön ausdrückt, schaffen wir ein neues Frauenbewusstsein für unsere Töchter, Enkeltöchter und deren Nachkommen. Wer bitteschön kann so etwas immens wertvolles und wunderbares noch belächeln? (von den Männern, die keine Königin neben sich ertragen können einmal abgesehen). Wie sagte Claudia Taverna in einem ihrer Retreats? „Wir sollten eigentlich bezahlt werden für diese Arbeit, die wir hier leisten." Recht hat sie.

Frauenkreise katapultieren Dich quasi direkt ins Zentrum Deiner Urweiblichkeit. Und je öfter Du Deinen Platz darin einnimmst, desto mehr findest Du in Deine eigene Wahrheit, Dein Zentrum. Du beginnst, die Dinge um Dich herum anders zu betrachten, klar und intensiv. Dein Gefühl für Dich selbst verändert sich, Du weißt plötzlich, dass Du genau richtig bist an diesem Ort, Du wirst immer authentischer und handelst integer. Deine innere Wahrheit wird zu Deinem Richtungsweiser und genau so lebst Du auch. Es wird Dir zunehmend gleichgültig, was andere über Dich denken oder ob sie Deinen Weg respektieren. Deine tiefe innere Wahrheit ist zu groß, zu richtig, um sie für andere zu ignorieren oder zu leugnen.

Also wenn Du die Wahl hast, zehn Bücher übers Frau sein zu lesen oder an einem einzigen Frauenkreis teilnehmen zu können - wähle den Kreis. Er erzählt Dir innerhalb von Minuten, was Du in Tagen nicht lesen könntest.

Darum lasst uns wieder zusammenkommen in Kreisen, lasst uns unseren Platz in der Mitte unserer Schwestern einnehmen und uns erinnern.

RITUALE & BRÄUCHE AUFLEBEN LASSEN

'Wo Frauen sind,

da ist Magie'

Ntozake Shange

Rituale sind so alt wie die Menschheitsgeschichte und gerade uns Frauen verbinden sie seit jeher mit unserem tiefsten Wesen und Ursprung. Durch Rituale werden Erinnerungen geweckt, Erinnerungen an die Heilerinnen, Kriegerinnen, Priesterinnen, weisen Frauen und Magierinnen, die ihre Weisheiten schon immer auf diese Art weitergegeben haben. Von diesen uralten Bräuchen sind wir heutzutage leider komplett abgeschnitten, sie sind mit all den wunderbaren Frauen verbrannt und vergessen worden.

Die einzigen 'Rituale', die wir heute noch feiern, sind die christlichen Feste, die letztlich nur eine abgeänderte, angepasste Form der traditionellen Kulte und Bräuche darstellen.

'Es ist immer eine Herausforderung, das Spirituelle in die materielle Welt zu bringen, aber es ist einer von wenigen Wegen, auf denen wir Menschen wieder in Berührung mit der Erde und mit unseren inneren Werten kommen können.'

Sobonfu Somé

Indem wir die alten Rituale wieder aufleben lassen, schenken wir auch unserer Frauengeschichte neues Leben. Die alten Bräuche wieder zu integrieren heißt, sie aus ihrer Verbannung zu befreien und unseren Ahninnen Respekt zu zollen. Es bedeutet auch, dass wir uns gegen die Falschheit und die Absurdität der Hexenverfolgung wenden und uns wieder auf die Seite der Frauen stellen, die mitunter für das Ausüben eben dieser Rituale mit ihrem Leben bezahlen mussten. Es heißt, der Welt zu zeigen, dass nichts vergessen wurde. Dass die weibliche Weisheit und Verwurzelung weit tiefer reicht, als jeder Ausrottungsversuch greifen kann. Jedes gelebte Ritual, jeder Stein und jede Pflanze, denen wir Magie zugestehen, jedes Feuer um das wir tanzen und jeder Rauch, der über unseren Räucherschalen aufsteigt ist ein Symbol für genau das: dass *nichts* vergessen wurde.

Lass uns gemeinsam Erinnerungen wecken und die alten Rituale ihre Geschichten erzählen. Du wirst sehen, auf tiefer Ebene fühlt sich alles vertraut an.

Das Räuchern

~ Feuerrauch, Pflanzengeist,

begleiten mich durch diese Nacht.

Heiligung, Schutz und Kraft,

erkenne, wir sind eins. ~

Räuchern ist für mich eines der schönsten und archaischsten Rituale überhaupt. Wir haben uns leider darauf beschränkt, Duftkerzen anzuzünden oder ein Duftöl zu verwenden. Das Verräuchern echter Pflanzen ist dagegen von ganz anderem, ursprünglichem Charakter und löst sofort tiefe, wissende Erinnerungen aus. Es ist die älteste Methode der Duftanwendung und wurde in alten Kulturen eingesetzt, um Verbindung mit den feinstofflichen Kräften der Natur aufzunehmen. Mit dem Verräuchern wird der Geist der Pflanze freigesetzt und wirkt seinem Charakter nach heilend, klärend, reinigend oder schützend.

Räuchern kannst Du entweder mit Räucherstäbchen (achte aber darauf, dass diese nicht synthetisch hergestellt wurden), mit

Räucherschale auf Sieb oder Kohle sowie mit Räucherbündeln. Diese Bündel gibt es fertig zu kaufen, aber Du kannst sie auch ganz wunderbar selbst herstellen. Hier sind zwei Varianten von Bündeln, die Du Dir im Sommer zusammenstellen kannst:

Schutz & Heilung

Schafgarbe, Johanniskraut, blaue Wegwarte, Flieder, Lavendel

Reinigung

Kamille, Flieder, Minze, Rosmarin, Thuja, Lavendel und Salbei

Sammle die Pflanzen an einem sonnigen Tag und lasse sie locker ausgebreitet ein oder zwei Tage leicht vortrocknen, damit sie später im Bündel nicht faulen. Dann kannst Du anfangen, Dein Bündel zu binden, indem Du eine Schnur (vorzugsweise aus Baumwolle, da sie ja mit verbrennt) von Stielende hin zu den Blüten wickelst und dann wieder zurück zum Stielende. Wichtig ist hierbei nicht, wie oft du das Bündel umwickelst, sondern wie fest. Achte darauf, wirklich stramm zu wickeln. Unten knotest Du die Enden dann zusammen und lässt am besten eine kleine Schlaufe übrig, an der Du Dein Bündel zum Trocknen aufhängen kannst.

Die Räucherbündel sollten jetzt einige Wochen hängend trocknen. Restfeuchte würde nur zu Qualm führen. Beim Räuchern ist es wichtig zu bedenken, dass jederzeit kleine, glühende Pflanzenteile herabfallen können. Achte bitte darauf, hier für Sicherheit zu sorgen, das heißt, nicht über Teppichen oder sonstigen brennbaren Untergründen zu räuchern und eine kleine Schale mit Sand bereitzustellen, in der Du Dein Bündel ausdrücken kannst. Zünde Dein Bündel oben an den Blüten vorsichtig an, lasse es vor sich hin glimmen und genieße den Duft.

Tip: linksdrehende Bewegungen wirken auflösend, rechtsdrehende integrierend. Für Reinigungsräucherungen empfiehlt es sich also, das Bündel mit linksdrehenden Bewegungen durch Deine Wohnung oder um Dich selbst herum zu bewegen. Für Schutz- und Heilungsräucherungen genau anders herum.

Jahreskreisfeste

Im Kapitel über die Natur habe ich schon geschrieben, wie wertvoll der Jahreskreislauf für uns ist und dass es für unsere Ahnen normal war, die Wechsel und Übergänge zu zelebrieren. Ich möchte Dir hier die wichtigsten Feste vorstellen und Dir

Anregungen für die jeweiligen Rituale geben.

Imbolc - Lichtmess - Brigid

In der Nacht vom 1. Februar auf den 2. Februar wird Lichtmess gefeiert, das keltische Imbolc oder auch das Fest der Brigid (hierzu kannst Du im Kapitel 'Göttinnen einladen' nachlesen). Imbolc feiert die kraftvolle Energie des nahenden Frühjahrs. Die Tage werden länger und wir sollen uns an das Licht erinnern, das das Leben wieder neu erwachen lässt.

Rituale für dieses Fest sind das Anzünden von Kerzen und Feuern, die symbolisch für das Licht und die Sonnenkraft stehen. In Irland basteln die Menschen gerne Brigid-Kreuze, die sie zum Schutz an ihre Türen hängen. Ein schöner Brauch ist es auch, am Abend des 1. Februar weiße Bänder nach draußen zu hängen und sie in der Nacht von Brigid segnen zu lassen. An Imbolc reinigt man auch das Zuhause mit dem Licht von allen negativen Energien und segnet und schützt es für ein Jahr. Dafür stellt man auf jede Fensterbank eine Kerze und lässt sie über die Nacht brennen. Auch Reinigungsräucherungen sind ein schönes Ritual, bei dem alte Energien aus den Räumen vertrieben werden. Nach dem Räuchern werden die Fenster geöffnet, um die Energien zu entlassen. Danach wird traditionell eine weise Kerze angezündet.

Frühlings-Tag-und-Nacht-Gleiche

Am 20./21. März sind Tag und Nacht gleich lang. Wir feiern den Übergang in den Frühling. Die Häuser werden energetisch durch Räucherungen, und ganz praktisch durch den Frühjahrsputz gereinigt und für die luftige Jahreszeit vorbereitet. Die Frühlings-Tag-und-Nacht-Gleiche ist ein energetischer Meilenstein im Kreislauf der Natur. Wir feiern die neue Energie der Erde, die jetzt alles wieder wachsen lässt. Symbolisch dafür können wir Blumensamen segnen und mit dem Aussprechen eigener Wünsche und Träume anschließend einpflanzen. Schön an diesem Tag ist es auch, die Häuser mit frischen Blumen zu schmücken.

Beltane

Dieses Fest kennzeichnet den Beginn des Sommers und steht für Leben, Fruchtbarkeit, den Sieg des Sommers über den Winter. Gefeiert wird es am 1. Mai mit dem Aufstellen der Mai-Bäume und in der Nacht zuvor mit dem Tanz in den Mai, der Walpurgisnacht. Walpurgis war die Maikönigin, eine heidnische Göttin, die später christianisiert und dann heiliggesprochen wurde, da man ihre Riten nur so eingliedern konnte.

Die Walpurgisnacht ist für uns heute der Inbegriff des Hexenfestes auf dem Brocken im Harz, bei dem die Hexen auf ihren Reisigbesen fliegen und sich mit dem Teufel vereinigen. Die Hintergründe waren natürlich ganz anderer Art. So waren die Reisigbesen dafür bestimmt, einen kultischen Zaun zu gestalten, einen geschützten, abgegrenzten Rahmen also für das Fest. Die Gerüchte und die Verteufelungen entstanden vermutlich daraus, dass sich in germanischer Kultzeit die Priesterschaft zur Walpurgisnacht traf, um ihre Nachfolger zu zeugen. Die Priester trugen dabei Masken und ein Hirschgeweih, an dem man den Einweihungsgrad erkennen konnte. Dieser Anblick dürfte für ungebetene Zuschauer sicherlich unheimlich gewirkt haben, was dann letztlich zu den bis heute bestehenden Geschichten (und im Mittelalter zur Hexenverfolgung) geführt hat.

Auch an diesem Festtag gehört das Feuer rituell unbedingt dazu. Das Feuerspringen ist ein beliebter Brauch, der symbolisch für den Sprung ins Neue steht, für das zurücklassen des Alten. Der Maibaum steht traditionell für das Feiern der Fruchtbarkeit, indem er als Phallus die Vereinigung zwischen Himmel und Erde darstellt. Insofern leuchtet es ein, dass die Vereinigung unter freiem Himmel zum Maifest dazugehörte.

Als Sinnbild für Neuanfang, Wachstum und Weiblichkeit können frische Birkenzweige am Hauseingang und im Garten aufgehängt werden. Mit seinem schwarz-weißen Stamm vereinigt die Birke männliche und weibliche Kräfte in sich. Als Räucherung eignet sich Waldmeister und Weißdorn, mit denen Schutzkreise um das Haus gezogen werden können.

Sommersonnenwende

Am 20./21. Juni ist der Zeitpunkt des längsten Tages und der kürzesten Nacht. Gleichzeitig also auch der Beginn des Rückgang des Lichts. Das Sommersonnwendfest war ein wichtiges heidnisches Fest und ist eines der wenigen, dessen Tradition sich bis heute durchsetzen konnte.

Um das Sonnwendfeuer herum wird getanzt, gegessen, gefeiert und gelacht. Die pure Lebensfreude und der Dank stehen hier im Mittelpunkt. Ein schönes Ritual ist es, mit Wünschen beschriebene Zettelchen ins Feuer zu werfen. Danach sollte ein Feueropfer in Form von getrockneten Blumen, Kräutern oder selbst Gebasteltem dargebracht werden. Schön ist es auch, ein Stück am Sonnenwende-Feuer getrocknetes Holz als Amulett zu verwenden. Früher zeichneten die Menschen mit der Kohleseite eines solchen Holzes Schutzsymbole auf Haus und Stall.

Lughnasadh - Schnitterfest

Lughnasadh (sprich Luu-NA-sad) ist dem keltischen Erntegott Lugh gewidmet und wird am 1. August gefeiert. Der Begriff des Schnitterfestes rührt daher, dass zu diesem Zeitpunkt die erste Kornernte geschnitten und eingebracht wurde. Es ist kein Erntedankfest in dem Sinne, sondern ein Dank an die fruchtbringende Sonne, die unser Getreide wachsen lässt.

Viele Bauern lassen zum Dank einige Ähren auf ihren Feldern stehen oder binden daraus einen Kranz für ihr Haus. Generell ist ein typischen Lughnasadh Ritual, Kränze aus getrockneten Gräsern und Ähren zu binden. Ein anderes schönes Ritual ist es, im Licht einer goldgelben Kerze selbstgebackenes Brot zu essen oder Getreideähren in einer rituellen Feuerzeremonie zu verbrennen.

Herbst-Tag-und-Nachtgleiche

Am 22./23. September sind Tag und Nacht wieder gleich lang. Es ist die Zeit des Erntedanks und die Zeit, um darüber nachzudenken, was man bislang erreicht hat, welche Dinge abgeschlossen sind und welche noch offen sind.

An diesem Tag bitten wir auch um Schutz und Begleitung für das kommende Jahr. Deswegen sind Schutzräucherungen besonders angebracht. Auch das rituelle Reinigen magischer und ritueller Gegenstände wie Amulette und Räucherzubehör gehört an diesem Tag dazu. Bis zu diesem Tag sollte das Sammeln von Pflanzen und Kräutern für die magische Verwendung abgeschlossen sein, da sie danach nicht mehr so kraftvoll sind.

Samhain - Halloween

Am 31. Oktober feiern wir Samhain, das Fest der Toten, den Übergang in den Winter. Überlieferungen zufolge stehen in dieser Nacht die Tore zur Anderswelt offen, so dass unsere verstorbenen Ahnen Kontakt mit uns aufnehmen können. Früher stellten die Menschen Kerzen in ihre Fenster, um den Ahnen den Weg zu erleichtern.

Wir können beispielsweise kleine Kerzen anzünden und beim Entzünden den jeweiligen Namen des Verstorbenen sowie einige tief von Herzen kommende Worte in die Flamme sagen. Ein Gruß sozusagen für jeden geliebten, verlorenen Menschen. Traditionell verwendet man als Kerze hierbei halbe Walnussschalen, die mit Wachs und Docht gefüllt werden und dann in einer Schale mit Wasser angezündet werden. Die Kelten verabschiedeten an diesem Abend die letzten zwölf Monate, indem sie alle Herdfeuer löschten und ihre Häuser ausräucherten. Wir können das wieder aufleben lassen, indem wir reinigendes

Räucherwerk entzünden und symbolisch das alte Jahr verbrennen. Beispielsweise durch Verbrennen von kleinen Zettelchen, auf denen wir die Dinge schreiben, von denen wir in den folgenden zwölf Monaten nicht mehr belastet und negativ beeinflusst werden möchten. Mit dem letzten Zettelchen zünden wir dann eine Kerze für das kommende Jahr an.

Wintersonnwende

Am 21./22. Dezember ist der Zeitpunkt der Wintersonnwende. Die längste Nacht im Jahr und damit gleichzeitig der Beginn der länger werdenden Tage. Dementsprechend feiern wir die Rückkehr des Lichts und des Lebens.

Wir können dafür unsere Räume mit schützenden und heiligen Pflanzen schmücken, wie zum Beispiel dem Wacholder, der Tanne, der Eibe und dem Buchsbaum. Auch das Räuchern mit Wacholder ist sehr schön geeignet, da die Wacholderbeeren dabei ihren schützenden Geist im Raum entfalten. Traditionell wird an diesem Tag auch das große Yule-Scheit aus Eichenholz angebrannt. Zwölf Tage soll es brennen, um der Sonne Kraft für ihre Rückkehr zu spenden. Die Asche wird danach vor der Haustür verbreitet. Wenn Du keinen Kamin hast kannst Du auch auch Yule-Räuchermischungen zurückgreifen.

Menstruationsrituale

Wie ich im ersten Kapitel des Buches schon geschrieben habe, ist unsere Menstruation leider zum Tabuthema degradiert worden. Dabei sollten wir diese besondere, tiefweibliche Zeit wieder bewusst erleben und lernen, sie wieder mit liebevollen Gedanken willkommen zu heißen. Durch diese Verbindung und Akzeptanz lassen auch Menstruationsbeschwerden mit der Zeit nach. Wir können durch schöne Rituale lernen, wieder ganz Frau zu sein und unsere Menstruation als kraftvolles Geschenk anstelle einer lästigen Bürde zu betrachten.

Es gibt verschiedene Möglichkeiten, unser Blut zu würdigen, anstatt es nur schnell und effektiv zu beseitigen. Zum Beispiel kannst Du etwas davon auffangen und Dir eine geschützte Stelle im Garten oder der Natur suchen (oder einfach einen Blumentopf), wo Du es vergräbst. Damit stellst Du auf ganz wunderbare Weise eine Verbindung zwischen den zwei Kreisläufen von Mutter Erde und Deinem Zyklus her. Oder Du fängst Dein Blut mit Baumwollwatte auf, die Du dann vergräbst und darauf eine Blume pflanzt (auch hier kann es natürlich ein Blumentopf sein). Diese Vorstellung dürfte den meisten sehr befremdlich erscheinen, möglicherweise sogar mit Ekel oder Scham behaftet sein. Vielleicht hilft Dir das Wissen darüber, dass es früher normal für Frauen war, ihr Blut direkt in die Erde fließen zu lassen. Bei den Zusammenkünften in den Roten Zelten saßen sie direkt auf dem Erdboden und verbanden sich so körperlich und emotional mit der Mutter-Göttin. Unser heutiger Ekelgedanke ist nur das Resultat der (männlichen) Unterstellung, unser Blut sei schmutzig und widerwärtig. Hören wir doch einfach auf, diesen erniedrigenden Blödsinn länger zu glauben.

Um die Verbindung zu Deiner Gebärmutter während (oder auch außerhalb) Deiner Menstruation zu stärken, versuche einmal folgendes: halte einen Mondstein für ein paar Minuten in den Räucherrauch aus Beifuss und Wacholder, so dass er sich mit den Pflanzenkräften verbinden kann und dabei noch schön warm wird. Dann lege Dir den Stein auf Deine Gebärmutter, eine Hand darüber und die andere Hand auf Deinem Herzraum. Spüre die Wärme und die Kraft des Steines und atme tief ein uns aus. Gerade auch bei Schmerzen ist dieses Ritual sehr wohltuend.

Im Kapitel 'Rückverbindung mit Deinem Zyklus - die vier Stufen' habe ich schon kurz über die schöne Möglichkeit gesprochen, während der Menstruationszeit nicht nur körperlich, sondern auch symbolisch loszulassen. Das kannst Du ganz wunderbar machen, indem Du beispielsweise einen schönen Stein suchst und ihm die Dinge anvertraust, die Du gehen lassen möchtest. Den Stein kannst Du danach entweder in einen Fluss werfen oder vergraben. Eine Alternative ist das Verbrennen von Zettelchen, wie ich es schon weiter oben beschrieben habe.

Tanzen

Das Tanzen gehört zu unseren ursprünglichsten Bewegungen, es dient als Brücke zur Seele, als Verbindung zwischen Himmel und Erde. Gefühle können wunderbar über den Tanz ausgedrückt werden, wenn er frei und ohne Vorgaben getanzt werden darf. Vergiss einmal die ganzen westlichen Vorstellungen des Tanzens, die sich entweder in der Tanzschule oder in der Disco abspielen. Sieh den Tanz als etwas intuitives, sinnliches, intimes. Tanze Deinen eigenen Tanz, ganz alleine. Mache es Dir zum Ritual, mindestens zweimal die Woche zu tanzen. Wähle die Musik entsprechend Deiner Stimmung aus, schaffe Dir einen schönen Raum mit Kerzenlicht, Räucherduft oder was Dir sonst gefällt. Schließe Deine Augen und warte. Auf die Bewegung, die aus Deinem Inneren kommen möchte. Werte sie nicht, sondern lasse sie zu. Bewege Dich nach der Anleitung Deines Körpers und vergiss all die bisher gekannten Bilder in Deinem Kopf, wie Tanz auszusehen hat. Du allein weißt in diesem Moment, was Du brauchst. Lass die Bewegungen einfach durch Dich hindurchfließen und gib Deinen Emotionen freien Raum.

Sanfte, meditative Musik hierfür ist zum Beispiel 'Returning' von Jennifer Berezan (aufgenommen in einem alten Priesterinnen-Tempel auf Malta), River flows in you' von Yiruma, 'Trust' von Alexia Chellun.

Sehr kraftvoll und urweiblich ist 'Bone by bone' von Marya Stark (von ihr gibt es noch weitere tolle Lieder)

Schön zum Loslassen und Ballast abschütteln ist 'Dernière Danse' von Indila, 'Mit vollen Händen' von Sarah Connor und 'Tanz um Dein Leben' von Henning Wehland.

DAS WEIBLICHE STÄRKEN

UNSERE TÖCHTER

'Erhebt Euch, ihr lieben Schwestern, damit unsere Töchter

und deren Töchter sich nicht fragen müssen,

wann wir unsere Zungen verloren und unsere

Herzen verleugnet haben'

Brigit Anna McNeill

Erinnerst Du Dich an das Kapitel 'Abschied vom braven Mädchen'? An Dein inneres kleines Mädchen, das immer darauf bedacht war, Erwartungen zu erfüllen, lieb und brav zu sein, unauffällig, leise und angepasst? Genau hier können wir anknüpfen, wenn es um unsere Töchter geht. Denn sie haben noch die Chance, später einmal gar nicht erst 'Abschied' von ihrem braven Mädchen nehmen zu müssen und ihre Wildheit mühsam zusammensuchen zu müssen. Wir können sie mit dem Geschenk der gelebten inneren Wildnis fürs Leben rüsten, damit sie zu starken, ermächtigten Frauen heranwachsen, die sich nicht länger für ihre Weiblichkeit klein machen lassen müssen. Die sich im Gegenteil ihrer Kraft bewusst sind, ihrer Sinnlichkeit, ihrer Mystik und ihrer Bedeutung im großen Ganzen. Die einen Mann nicht brauchen, um sich dahinter zu verstecken oder sich über ihn zu definieren, sondern um an seiner Seite zu stehen, stolz, erhaben, leuchtend.

Wir haben es in der Hand, unsere Töchter zu dieser Generation von Frauen heranwachsen zu lassen. Indem wir uns frei machen von den indoktrinierten Glaubenssätzen über die Mädchen. Über das 'wie-sie-zu-sein-haben'. Und stattdessen überlegen, was wir uns wirklich für sie wünschen. Wie ihre Welt aussehen soll. Mit welchem Selbstbild und mit welchen Werten sie der Welt als Frauen einmal gegenüberstehen sollen. Und was es dazu schon heute benötigt.

Wir müssen uns bewusst darüber sein, dass wir keine starken, wilden, strahlenden, vor Weiblichkeit leuchtenden Frauen erwarten dürfen, wenn wir sie zuvor jahrelang ins Raster des angepassten, lächelnden Mädchens gepresst haben. Dass wir damit genau das Gegenteil erreichen, nämlich Frauen, die gelernt haben, dass ihre Gefühle und Wahrnehmungen falsch sind. Indem wir sie von klein auf dazu anleiten, Konflikten aus dem Weg zu gehen, ruhig zu bleiben, selbst wenn das innere Feuer vor Zorn kocht, sich zusammenzureißen und sich nicht immer 'so anzustellen', zeigen wir ihnen automatisch, dass Emotionen unterdrückt werden müssen.

Wir müssen uns auch darüber bewusst werden, dass wir ihnen ein falsches Männerbild und generell ein falsches Bild der Verbindung von Mann und Frau mitgeben, wenn wir ihnen vorleben, wegzuschauen, sich klein zu machen, eigene Grenzen überschreiten zu lassen. Wenn sie nur das gängige Gesellschaftsbild vermittelt bekommen, in dem die Frau das (sexuelle) Spielzeug des Mannes ist, dann hindern wir sie an der Entwicklung eines sexuellen Selbstbewusstseins.

Ilan Stephani, Autorin von 'Lieb und Teuer', trifft es auf den Punkt: „Wir sollten aufhören, Mädchen zu lächelnden Maschinen zu erziehen. Es ist der ganz normale Wahnsinn, dass wir schon von klein auf lernen zu lächeln, anstatt zu brüllen, wenn jemand unsere Grenzen verletzt und übergriffig wird. Frauen müssten glücklicher sein. Frauen sollten freier und mit sexuellem Selbstbewusstsein aufwachsen, denn ihre Sexualität ist kraftvoll und toll, auch ohne dass ein Mann da ist, der sie bestätigt, spiegelt oder begehrt. Diese Frauen hätten klare Grenzen und würden sich sicher damit fühlen. Sie würden Männern sehr klar sagen können, was sie im Bett wollen und was nicht."

Es liegt an uns, unseren Töchtern andere Werte mitzugeben. Ein anderes, ursprüngliches Frauenbild in ihren Herzen zu verankern. Ein Bild, das der freiheitsliebenden, wilden, ungestümen, emotionalen, wertvollen, präsenten, weichen, starken Frau gerecht wird, die sie (und wir) doch alle tief im Inneren sind (und nach der wir uns jetzt so verzweifelt sehnen müssen, weil sie uns vorenthalten wurde).

Um unseren Töchtern dieses Bild tief einzuprägen, müssen wir als Leitstern, als Spiegel, vorausgehen und sie an die Hand nehmen. Wir müssen ankämpfen gegen tausende gesellschaftliche Erwartungen und Meinungen, und unsere Mädchen genauso oft verteidigen gegen unüberlegte und missbilligende Kommentare und Handlungen. Wir müssen uns darauf einstellen, schief angeschaut zu werden für die Art und Weise, wie wir unsere Töchter leben lassen. Dafür, dass wir sie sich selbst sein lassen. Frei. Laut. Emotional. Präsent. Für diese Freiheit innerhalb unseres gesellschaftlichen Mann-Frau-Rasters müssen wir bereit sein zu kämpfen. Uns immer wieder bewusst machen, dass wir einen völlig neuen, ungewohnten Weg gehen, nämlich den Weg zurück zum Ursprung und dem wahren Wesenskern.

Es erfordert Mut, unsere Mädchen an die Hand zu nehmen und ihnen zu erlauben, forsch zu sein, wo andere zum Rückzug aufgefordert werden. Laut ihre Meinung zu sagen, wo andere für ihre Zurückhaltung gelobt werden. Nein zu sagen, wo andere gelernt haben, bejahend zu lächeln. Zornig zu sein und in diese Wut hinein auszubrechen, wo andere sich zusammenreißen und innerlich explodieren. Präsent zu sein, wo andere leise und unauffällig artig im Hintergrund warten.

Es erfordert Mut und Überzeugung, sich über die Blicke und Tuscheleien der anderen Eltern (und leider insbesondere der Mütter) zu erheben und den Weg weiterzugehen. Aber genau so, wie es etliche Frauen gibt, die den Ruf und die Sehnsucht und den Drang nach der wilden inneren Frau und der Weiblichkeit noch nicht verspürt haben, gibt es eben auch Frauen, die ihren Töchtern diese wilde Frau versagen. Aus Unwissenheit. Aus Angst. Aus Scham. Aus ihrem eigenen braven Mädchen heraus.

Umso wichtiger ist es, dass wir vorangehen. Lasst uns unsere Mädchen begleiten und stärken auf diesem Weg in ihre weibliche Schönheit. Lasst uns wieder genau hinschauen auf ihre Emotionen und Reaktionen und dahinter die Wildnis erkennen, die noch so hell in ihnen leuchtet. Lasst uns innehalten und dieses Feuer wahrnehmen und schätzen, anstatt es gewohnheitsmäßig direkt eindämmen zu wollen. Lasst uns ihnen wieder die alten Rituale näherbringen, die weiblichen Initiationen. Lasst uns ein Fest aus ihrer ersten Menstruation machen und sie in diese heiligen, urweiblichen Vorgänge einweihen, anstatt sie beschämt und verunsichert mit einer Packung Slipeinlagen auf der Toilette zurückzulassen. Viel schöner wäre es doch, sie mit einem Symbol für diesen besonderen Anlass zu beschenken, einem roten Edelstein beispielsweise oder dem Mondstein, der für die innige Verbindung zwischen Frau und Mond steht und somit auch die Zyklen widerspiegelt.

Lasst uns wieder anfangen, ihre Weiblichkeit zu feiern und zu zelebrieren, so, wie es schon immer war und wie es unserer weiblichen Natur entspricht. Und lasst uns endlich wieder damit beginnen, ihnen vorzuleben, was es bedeutet, eine Frau zu sein. Welche Geheimisse und welche Stärken in uns verankert sind, welche Wunder unser Körper ein ums andere Mal vollbringt. Lasst uns offen sein für all ihre Fragen, lasst uns die alten Mythen erzählen und sie in ihre Verbindung mit der Natur einweihen. Lasst uns ein Frauenbild in ihre Herzen malen, das sie voller Kraft und Schönheit durch ihr Leben trägt.

Ich möchte hier noch diesen ganz wundervollen Text von Verena Rottmar mit Dir teilen, weil er einfach alles sagt, was gesagt werden muss.

'Erlaubt Euren Töchtern, laut zu sein.

Erlaubt Euren Töchtern, launisch zu sein.

Erlaubt Euren Töchtern, auszubrechen und zu rebellieren.

Erlaubt Euren Töchtern, das Wort zu erheben.

Erlaubt Euren Töchtern, den Mund aufzumachen, auch wenn keine schönen Worte herauskommen.

Befreit sie davon, dass sie Euch Trost sein müssen. Befreit sie davon, dass sie sich um Euch Sorgen machen. Befreit sie davon, dass sie für Euch verantwortlich sind. Befreit sie davon, dass sie hübsch und brav und lieb und klug und nett und lächelnd sein sollen.

Übt mit ihnen, zu schreien.

Übt mit ihnen, zu stampfen.

Übt mit ihnen, laut NEIN zu rufen.

Übt mit ihnen, zu kämpfen.

Lasst sie unordentlich sein und erschöpft.

Lasst sie übel gelaunt sein und launisch.

Lasst sie zuhause alleine, auch wenn ihr gerne mit ihnen zusammen sein würdet.

Lasst Eure Töchter Pläne schmieden, und ihr eigenes Leben entdecken. Erzählt ihnen von Euren Fehlern, und sagt ihnen, nur was für Euch richtig oder falsch war, kann für ihr Leben ganz was anderes bedeuten.

Macht Euren Töchtern Mut. Glaubt ihnen, wenn sie Euch erzählen, was sie nicht mögen, was ihnen Angst macht, wo sie sich bedroht fühlen. Beschwichtigt sie nicht mit Worten, dass sie übertreiben, und dass alles halb so schlimm ist. Hört ihnen zu, beobachtet sie, und fühlt hinter das was sie sagen. Nehmt sie ernst, auch wenn ihr glaubt, es ist gegen Euch gerichtet.

Vertraut Euren Töchtern. Ihren Gefühlen, ihrem Chaos, ihrer Angst. Beschützt sie und lasst sie auch los. Immer wieder, immer wieder, immer wieder.

Lasst sie stolpern, lasst sie Schmerzen erfahren, lasst sie wachsen, wie freie wilde Blumen. Seid noch einmal frei und wild mit ihnen.

Macht ihnen Mut und lernt von ihnen wieder frei und wild zu sein. Zeigt Ihnen wie man Konflikte austrägt und sie nicht scheut !!

Und glaube nicht dass Du scheiterst, wenn sie sich aufbäumt gegen das Leben und manchmal gegen Dich. Das ist der Weg einer wahren Kriegerin... die die Welt braucht... und vielleicht ist es das, was du gerade auch brauchen würdest. Trink von ihrer Medizin.'

Moksha Devi

Verena Rottmar

UNSERE SÖHNE

'Eine Frau, welche sich selbst liebt,

wird Mutter eines Sohnes,

der Frauen respektiert'.

Unbekannt

Wenn wir den Wert des Weiblichen wieder mehr ins Bewusstsein rücken wollen und den nachfolgenden Generationen ein Selbstverständnis von weiblicher Stärke und Fülle mit auf den Weg geben möchten, dann dürfen wir unsere Jungen nicht vergessen. Sie sind die künftigen Männer der Mädchen, die wir an ihren wilden, wertvollen, heiligen Kern erinnern möchten. Sie brauchen Männer, die in der Lage sein werden, genau diesen Kern zu erkennen und zu achten. Für die die Stärke der Frau keine Provokation, sondern Schönheit und Kraft bedeutet. Männer, die die Mysterien und weiblichen Zyklen begreifen und schätzen, anstatt sie ins lächerliche zu ziehen. Sie brauchen Männer, die Manns genug sind, ihre Frau an ihrer Seite stark und frei sein zu lassen. Männer, die fähig sind, sich fallen zu lassen, ihre Gefühle zu offenbaren und sich durch die Nähe und die ausgeichende, heilende Kraft ihrer Frau berühren zu lassen. Sie brauchen Männer an ihrer Seite, denen die Bedeutung der Balance zwischen Mann und Frau bewusst ist und die ihre eigene Stärke nicht über die Erniedrigung der Frau unter Beweis stellen müssen. Und genau hier liegt unsere Aufgabe, wenn wir das Glück haben, Jungen auf ihrem Weg ins Leben zu begleiten.

In unserer Gesellschaft ist es leider immer noch so, dass die Jungen schon im frühesten Alter 'ihren Mann stehen müssen'. Viel zu oft bekommen sie noch Sätze zu hören, die ihnen ein Gefühl der Schwäche und der Unzulänglichkeit vermitteln. Wenn sie wegen einer Schürfwunde weinen, werden sie als Heulsuse oder generell als Mädchen betitelt. Wollen sie sich die Haare lang wachsen lassen, bekommen etliche Väter Herzklopfen und wollen ihrem Sohn dieses 'Mädchengetue' ausreden (als ob Männlichkeit von der Länge der Haare abhinge). Jungs lernen früh, dass Gefühle zu zeigen Mädchensache ist. Was für ein Fehler, mit so weitreichenden Folgen.

Jungen, die in diesem Verständnis aufwachsen, werden immer Schwierigkeiten damit haben, sich zu öffnen, ihre weiche Seite zu zeigen (die *jeder* Mann in sich trägt) und Gefühle richtig zu deuten. Und so werden sie zur nächsten Generation von Männern, die Emotionen als Schwäche abtun und ihre Frauen dafür belächeln und als 'nervig' abstempeln. Und ihnen somit wieder einmal das Gefühl geben, falsch zu sein.

Wollen wir aber Männer heranwachsen lassen, die sowohl ihre eigenen Gefühle als auch die ihrer Frauen reflektieren und benennen können, so müssen wir unseren Jungen genau dies vermitteln. Wir müssen ihnen von klein auf Begriffe und Werkzeuge an die Hand geben, die es ihnen ermöglichen, ihre Emotionen einzuschätzen und vor allen Dingen als normal und wichtig zu betrachten.

Wir müssen ihnen immer und immer wieder versichern, dass es in Ordnung ist, zu weinen, Schwäche zu zeigen, kein Haudegen zu sein. Sie müssen durch uns verstehen lernen, dass Männlichkeit nicht bedeutet, Gefühle zu unterdrücken und immer den unnahbaren, unverletzlichen Mann zu markieren.

Wir als Frauen, als Mütter, müssen unseren Jungen verständlich machen, was wir unter Männlichkeit verstehen. Dass wir uns selbst Männer wünschen, die neben ihrer körperlichen Stärke auch fähig sind, sensibel und gefühlvoll zu reagieren. Die sich zeigen, die echt sind. Und dass zum Echt sein alle Gefühle gehören, dass keines davon nur Frauen vorbehalten ist. Wir haben es in der Hand, unseren Söhnen zu vermitteln, wie schön und wertvoll die eigene Verletzlichkeit ist. Dass sie zum Leben dazugehört und keine Schande ist. Dass sie nahbar macht und authentisch.

Im besten Fall können wir unseren Söhnen eine Partnerschaft vorleben, die ihnen den gegenseitigen Respekt und die Achtung voreinander direkt vor Augen führt. Die sie erkennen und spüren lässt, dass der Wert der Frau dem des Mannes in nichts nachsteht. Wie wertvoll ist es für einen Jungen, wenn er von seinem Vater (und anderen wichtigen Männern in seinem Leben) nicht nur das typische, harte Männerbild vermittelt bekommt, sondern auch verstehen lernt, welchen Wert die Frau im Leben des Mannes spielt. Wenn er den Vater nicht nur als Chef der Familie und als ruppigen Tonangeber erlebt, sondern im respektvollen, liebenden Umgang mit seiner Frau. Und wenn er seine Mutter in ihrer Stärke erleben darf, in ihrer ganzen Weiblichkeit. Welches Glück hat der Junge, wenn er eine Mutter erleben darf, die ihre Kraft und ihren Rhythmus lebt, die mit sich im Einklang ist und die kein Tabuthema um ihren Zyklus oder ihren Körper macht.

Meine beiden Jungen wachsen komplett offen auf, ich mache kein Geheimnis aus meinem Zyklus, sowohl was die körperlichen als auch die emotionalen Rhythmen anbelangt. Von klein auf habe ich ihnen kindgerecht erklärt, was während der verschiedenen Phasen (die sie ja zwangsläufig sowieso mitbekommen) im Körper einer Frau geschieht. Viel zu lange schon wird alles, was mit dem weiblichen Körper zu tun hat, als Tabuthema behandelt. Wir können daran nur etwas ändern, wenn wir unseren Kindern mit Offenheit beggnen und sie nicht mit einem Gefühl der Scham und Unsicherheit groß werden lassen. Denn genau das resultiert aus der Unwissenheit, mit der wir sie gerne zurücklassen.

Aber wieso versuchen wir so krampfhaft, sie von den völlig natürlichen Vorgängen fernzuhalten? Wieso dürfen sie nicht sehen, dass wir bluten? Wieso denken wir wirklich, dass es sie verstören könnte, wo es doch in unserer ureigenen, menschlichen Natur begründet liegt? Ich kann nur ermutigen, dieses falsche, anerzogene und vererbte Versteckspiel zu beenden und unsere Kinder mit Selbstverständlichkeit teilhaben zu lassen. Auch für Jungen ist es wertvoll zu verstehen und zu erleben, dass Frauen anders funktionieren als Männer. Und wir können das sehr gut in kindgerechter Form und mit einfachen, verständlichen Worten erklären. So geben wir ihnen die Möglichkeit, von klein auf vertraut zu sein mit den weiblichen Mysterien.

Wenn uns unsere Jungen als stolz und weiblich erleben dürfen, wenn sie erkennen können, dass wir nach unserem Rhythmus leben, entwickeln sie ein völlig anderes Frauenbild, als wenn sie zuschauen müssen, wie wir beim Versuch, uns anzupassen, immer verbissener und zynischer werden. Wir wollen, dass sie einmal in der Lage sind, ihre Frau wirklich zu sehen. Dann müssen wir ihnen auch die Chance geben, diese weiche, fließende, typisch weibliche Energie zu verinnerlichen. Wir müssen sie heranwachsen lassen mit dem Verständnis, dass weibliche und männliche Stärke völlig verschiedene Qualitäten hat. Und dass sich beide ergänzen und auffangen können.

Lassen wir unsere Jungen wild sein, kämpferisch, draufgängerisch. Lassen wir sie die Helden spielen, die Beschützer und die starken Männer. Und lassen wir sie genauso auch leise sein, verletzlich und empfindsam.

Lassen wir beide Seiten zu, jede mit der gleichen Berechtigung und der gleichen Wertschätzung.

Lassen wir sie Indianer sein, die Schmerz kennen.

WILDE FRAU & STARKER MANN

WARUM UNSERE BEZIEHUNGEN

LILITH UND EVA BRAUCHEN

'Denn kein Fluss kann begradigt werden,

ohne ihn seines Naturells

und seiner Kraft zu berauben.'

Eva Klein

So viele Beziehungen gehen auseinander, sind unglücklich, kraftraubend, frustrierend. Ich habe in den letzten Jahren viele Frauen kennengelernt, die mir mehr oder weniger immer die gleiche Geschichte erzählt haben. Egal, an welchem Punkt sie gerade standen, ob sie die Beziehung bereits verlassen hatten oder ob sie sich noch darin quälten; der Grund für das Leiden war immer identisch. „Er sieht mich einfach nicht, er erkennt mich nicht". Diesen Satz habe ich von nahezu jeder Frau gehört, die unglücklich in ihrer Partnerschaft war.

Wie oft fühlen wir uns wertlos, farblos und unwichtig, weil wir uns einfach *nicht gesehen* fühlen? Gesehen im Sinne von *erkannt*, auf Seelenebene, mit all unserem Sein? Ich glaube, jede von uns kennt dieses zermürbende Gefühl, nicht richtig wahrgenommen zu werden. Angeschaut zu werden hat noch lange nichts mit gesehen werden zu tun. Aber genau danach sehnen wir uns so sehr. Ohne dieses Gefühl des Erkannt seins werden wir blass, verlieren unser Feuer und ziehen uns in uns selbst zurück. Häufig, nachdem wir erschöpfende Jahre damit verbracht haben, uns irgendwie sichtbar zu machen, unserem Partner begreiflich zu machen, wer wir eigentlich sind. Und dann in tiefer Trauer, Wut und Enttäuschung resigniert haben.

Der Grund für dieses nicht - oder nur teilweise - erkannt werden, liegt tief in unserem Frauenbild verankert. Ein Frauenbild, das uns über Jahrtausende *unvollständig* vermittelt wurde und das jetzt dafür sorgt, dass wir als Frauen verzweifelt auf der Suche nach der fehlenden Hälfte sind und dass die Männer diese instinktiv vermisste weibliche Hälfte zumeist außerhalb der Partnerschaft suchen.

Denn was uns fehlt ist der Lilith Aspekt. Er wurde aus unserem

Leben gestrichen, vertuscht, obwohl er tief in unserer Natur verankert liegt. Sehr wenigen ist Lilith heutzutage noch ein Begriff, daher möchte ich sie Dir gerne vorstellen (und ich bin sicher, Du wirst sie sofort erkennen).

In der vorchristlichen Zeit galt Lilith als mächtige Göttin, ähnlich Innana. Die apokryphen Schriften der Bibel erwähnen Lilith als Adams erste Frau. In der heutigen Fassung der Bibel wird sie (aus patriarchal taktischen Gründen) verschwiegen. Lilith war leidenschaftlich, furchtlos, wild, frei, mutig und voll weiblicher Sexualität. Sie weigerte sich, beim Sex unten zu liegen und Adam Untertan zu sein. Sie wehrte sich gegen diese Abhängigkeit und Unterwerfung und wurde schließlich vom wütenden Jahwe aus dem Paradies vertrieben und verbannt, um der folgsamen, demütigen Eva Platz zu machen. Lilith suchte die Gleichberechtigung, weil diese ihr zustand, da sie aus der gleichen Erde wie Adam erschaffen worden war. Sie wollte weder herrschen noch beherrschen, sondern eine Beziehung auf Augenhöhe eingehen, in der jeder sein Wesen behalten durfte.

Lilith ist der Inbegriff von archaischen Kräften, wilder Ursprünglichkeit, Weisheit und Bewusstsein. Sie ist mit ihrer starken Natur verbunden, lebt ihre Sexualität nach ihren eigenen Bedürfnissen aus und widersetzt sich den Anweisungen des Mannes. Sie wird so quasi zum personifizierten Widerstand gegen das Patriarchat.

Indem Lilith aus der biblischen Geschichte gestrichen wurde, blieb uns als Frauenbild nur noch Eva übrig. Und dieses alte, über Jahrtausende von der Kirche gepredigte Bild der verständnisvollen, sorgenden, braven, angepassten, zurückhaltenden, schönen, zum Mann aufschauenden Eva ist auch heute noch das Bild, dem so viele Frauen - häufig auch unbewusst - entsprechen wollen. Wir versuchen also verzweifelt, einem uralten, manipulierten Modell von Weiblichkeit zu entsprechen, das zum einen unsere wahre Identität beschneidet und vertuscht, und zum anderen die tatsächliche, authentische Weiblichkeit unterdrückt und knechtet. Oberflächlich betrachtet mag das eine Weile funktionieren, aber tief im Inneren sind wir nicht in der Lage, uns mit diesem unvollständigen Frauenbild zu identifizieren und uns wohl zu fühlen, weil es uns schlicht und ergreifend wesentliche Aspekte vorenthält. Diese Lilith Aspekte von Wildheit, Freiheit, Mut, Stolz, Sexualität und Unabhängigkeit drängen immer wieder an die Oberfläche und lassen uns mit dem Gefühl des Versagens zurück, weil wir dem gesellschaftlich gewünschten Bild nicht entsprechen.

Aber wir spüren Lilith in uns rumoren, fühlen diesen wilden Teil in uns. Und wünschen uns von unserem Partner, *komplett* gesehen zu werden. Wir wollen, dass er diesen wilden Aspekt in uns erkennt und *anerkennt*. Wir lechzen danach, dass der Mann an unserer Seite die wilde Lilith in unserer Seele erkennt, auch wenn wir nach außen nur die Eva-Aspekte leben.

Um aber in Gänze erkennt und gesehen zu werden, müssen wir selbst erst einmal erkennen, wer wir eigentlich sind. Und wir sind beides: Lilith und Eva. Beide Aspekte sind in jeder von uns angelegt. Wir müssen uns frei machen von dem anerzogenen Frauenbild der reinen Eva und wieder *Ja* sagen zur lustvollen Sexualität, *Ja* zur Unbeugsamkeit, *Ja* zur Wildheit, *Ja* zur Selbstbestimmtheit, *Ja* zu unserer Kraft und unserem Stolz, *Ja* zur absoluten Augenhöhe mit all den Männern um uns herum. So schreibt auch Dr. Barbara Black Koltuv dazu: "Eine Frau, die wachsen und sich psychisch entwickeln will, muss die Lilith-Qualitäten Freiheit, Bewegung und Instinktivität für sich integrieren."

Und wenn wir diesen Weg gehen und beide Aspekte wieder in uns verschmelzen lassen, werden wir auch erkannt werden. Vielleicht tatsächlich nicht von dem Mann, der uns momentan noch begleitet, aber von demjenigen, der sich von unserem Sein in seiner ganzen Fülle nicht abschrecken lässt, der ebenso bereit ist, alte Muster und Glaubenssätze zu hinterfragen und die weibliche Stärke nicht als Bedrohung seines mühsam aufgebauten Egos zu betrachten.

Denn wir dürfen nicht vergessen, dass auch die Männer über Jahrtausende mit diesem abgefälschten Frauenbild herangewachsen sind. Die Einteilung der Frau in Heilige (Eva) oder Schlampe (Lilith) resultiert aus dem verzerrten Gedankengut einer patriarchalischen Gesellschaft, in der alle Frauen als Hexen abgestempelt wurden, die in ihrer bewussten Stärke den Männern Angst machten.

Insgeheim sucht aber auch der Mann nach der verloren gegangenen Lilith. Zumindest im Bett wünschen sich die allermeisten den wilden, ungestümen, ungezügelten Lilithanteil in ihrer Frau. Dass sie hier so häufig vergeblich danach suchen und sich dann schlussendlich mit Affären ins Außen wenden, liegt darin begründet, dass sie ihrer Frau den Lilith Aspekt eben nur auf diesen Bereich begrenzt zugestehen wollen. In der Partnerschaft an sich sind die meisten ganz zufrieden mit dem Gefühl, die angepasste, zurückhaltende Eva an ihrer Seite zu haben, die sich zuverlässig um Kinder und Haushalt kümmert und ihnen den Rücken frei hält. Für die Frau wiederum ist es nicht möglich, sich am Bild der Eva zu orientieren, sich dabei unvollständig und unerkannt zu fühlen und gleichzeitig im Bett einen kleinen Teilaspekt der wilden Lilith abzurufen. Dafür bräuchte es Männer, die ihrer Frau die wilde Seite komplett zugestehen, damit diese sie integrieren und leben können.

Unsere Beziehungen brauchen Frauen, die Lilith wieder in ihr Leben lassen, um alle naturgegebenen Aspekte voll auszuschöpfen. Frauen, die ihre Sanftheit genauso schätzen können wie ihre Wildheit, die ihre Sinnlichkeit zärtlich verführend und auch ungestüm fordernd leben können, die zurückhaltend sind, wenn die Situation es erfordert, und sich laut und unmissverständlich zur Wehr setzen, wenn sie unter Wert behandelt werden. Frauen, die ihre nährende Art an andere verschenken können und gleichzeitig unabhängig und egoistisch genug sind, sich selbst zu lieben und weiterzubringen. Frauen, die die Stille der Eva genießen können und den wilden, ekstatischen Lebenstanz der Lilith tanzen können.

Und unsere Beziehungen brauchen Männer, die dieses geballte Feuerwerk an Frau schätzen und tragen können. Die den Raum und den Rahmen dafür bieten und halten können. Die die Stärke der Frau nicht als Angriff auf ihre Männlichkeit sehen, sondern im Gegenteil als Ermächtigung für eben diese. Männer, die bereit sind zu erkennen, dass wahre Männlichkeit nur im Spiegel wahrer Weiblichkeit entstehen kann. Und dass wahre Weiblichkeit weit entfernt ist von Unterordnung und reiner Eva.

Der Mann, dem wir als Frau mit all unseren Aspekten zu viel sind, der ist vielleicht einfach zu klein für uns. Der Mann, der uns im Zaum halten möchte, unsere Wildheit zähmen, der ist vielleicht einfach nicht stark genug, uns zu halten. Der Mann, der uns in Formen pressen möchte, der ist vielleicht einfach selbst zu starr und unflexibel, um mit unserer fließenden Natur umzugehen. Der Mann, der uns in unserer Ganzheit nicht erkennen will, der ist mit

Sicherheit selbst einfach noch nicht bei sich angekommen.

Nur wenn wir unseren Lilith Aspekt wieder integrieren, können wir uns als Frauen voll in unsere Partnerschaft einbringen, in unserer Kraft sein und völlig losgelöst von Bedürftigkeit und Abhängigkeit die Beziehung leben. Nur wenn Lilith wieder aktiver Teil unseres Wesens sein darf, hat unsere Partnerschaft eine Chance auf Balance und ebenbürtige Augenhöhe.

DIE BALANCE VON FRAU UND MANN

'Diese Welt brennt, weil der

Thron der Königin verwaist ist.'

Veit Lindau

Wir sind heute an einem Punkt angekommen, an dem auf so vielen Ebenen Chaos und Verwirrung herrscht. Die ganze Welt ist augenscheinlich im Ungleichgewicht, und wir stehen mittendrin, versuchen weiterhin durch analysieren, planen und aktives Tun wieder die Kontrolle zu bekommen. Nur müssen wir leider erkennen, dass eine Heilung und ein Ausbalancieren der Zustände durch diese rein männlichen Aspekte nicht funktionieren wird. Unsere Erde und unsere Gesellschaft haben - genau wie wir selbst und somit auch unsere Beziehungen - das natürliche Gleichgewicht von weiblicher und männlicher Energie verloren.

Wir zahlen jetzt den Preis für die Jahrtausende lange Unterdrückung des Weiblichen und der dadurch entstandenen Übermacht der männlichen Kräfte. Die Achtung und der Respekt vor weiblichen Prinzipien wie Hingabe, Intuition, Passivität und Sanftheit sind weitestgehend verloren gegangen. Und das spüren wir auch im kleinen Rahmen unserer Beziehungen, denn funktionieren kann auf Dauer nur, was im Gleichgewicht ist. Alles Einseitige bricht mit der Zeit zusammen.

Mit der Abspaltung der weiblichen Qualitäten haben nicht nur wir Frauen unsere Mitte verloren. Auch die Männer haben sich mit ihrem anmaßenden Egoismus, die vollkommene Machtstellung über die Frauen bekommen zu wollen, letztlich ihrer wahren Männlichkeit beraubt. Die Frau als Gegenüber, als Spiegel und als Energieausgleich ist verloren gegangen und hat den Mann alleine und vereinsamt auf seinem Thron zurückgelassen.

Durch die Vernichtung weiblicher, und die gleichzeitige Verehrung männlicher Energien haben sich diese regelrecht ins Destruktive umgekehrt: Konkurrenzkampf, Diskriminierung, Überheblichkeit, Rassismus, Neid, Prahlerei und Ausbeutung anstelle von gesunder männlicher Energie in Form von Dynamik, Kampfgeist, Leistungs- und Strukturfähigkeit sowie Schutzinstinkt der Frau gegenüber.

Um unsere Beziehungen zu heilen und auf Augenhöhe leben zu können, muss die Königin ihren Platz an der Seite des

Mannes wieder einnehmen und mit ihren weiblichen Attributen die Härte und Orientierungslosigkeit auflösen. Wir als Frauen müssen unsere übergestülpte Weiblichkeit abstreifen und in unsere wahre Natur zurückfinden. Und wir brauchen Männer, die ihrerseits bereit sind, sowohl in sich selbst die männlichen und weiblichen Anteile zu heilen und zu integrieren, als auch die Frau in ihrer Ganzheit wertzuschätzen.

Erst wenn das Weibliche und das Männliche wieder in Balance sind, wird es Beziehungen ohne destruktiven, einseitigen Charakter geben. Helmuth Griesser schreibt dazu: "Die tiefe Verehrung der Frau zieht unwillkürlich die Entdeckung des innersten Männlichen nach sich. Es ist eine Reise, die sämtliche Konventionen des 'Mann Seins' über den Haufen wirft, Machtgefüge ins Nichts zerfallen lässt und schlicht die Menschheit bisher in Frage stellt. Und das macht Angst - und auch das ist menschlich. Sowohl von Seiten der Frau als auch von Seiten des Mannes. Vieles, wie es heute einfach IST (und auch historisch), erklärt sich für mich aus diesem 'Defizit' heraus, wie das Weibliche gesehen wird und wurde. Für mich ist es mit die größte 'Verschwörung' der Menschheit, die Heiligkeit und die natürliche Nähe der Frau zum Übersinnlichen und 'Göttlichen' derart unterdrücken zu wollen. (...) Jedoch - auch dieses 'Rollenbild' umkehren zu wollen im Sinne von Macht - ändert genau nichts. Es geht lediglich um das Erkennen des ganz natürlichen SEINS als Frau und Mann und NICHT um Macht und Dominanz/Unterwürfigkeit im üblichen Sinne."

Und genau aus diesem Grund geht es keineswegs um reine Emanzipation oder darum, die Machtverhältnisse umkehren zu wollen und eine bloße Umkehrung des Patriarchats schaffen zu wollen. Das wäre dasselbe destruktive Spiel wie wir es aktuell haben, wenngleich ich überzeugt bin, dass ein Übergewicht an weiblicher Energie bei weitem nicht zu solch verheerenden Auswirkungen führen würde, wie es die männliche Übermacht tut. Aus dem einfachen Grund, dass das weibliche Prinzip in seinem unausbalancierten Zustand zwar unsicher, bedürftig, depressiv, abhängig, neidisch und intrigant wird, jedoch nicht zerstörerisch, brutal und gefühlskalt. Trotzdem wäre eine Einseitigkeit auch in dieser Konstellation weit entfernt von der Tatsache, dass sich Energien immer ausgleichen müssen und wollen, und somit nur die Balance von Mann und Frau zum Ziel in Form gesunder Beziehungen und respektvollen Umgangs mit unserer Erde führen kann.

Um zu verstehen, wohin unsere Weiblichkeit verschwunden ist, und wieso der männlich dominante Teil in uns so häufig präsent ist, dürfen wir Frauen auch nicht vergessen, aus welcher Zeit unsere nächsten Ahninnen stammen. Unsere direkten Vorfahrinnen erlebten zwei Weltkriege, in denen sie ohne Mann an der Seite für das eigene Überleben und das der Kinder sorgen mussten. Hier konnte hartes und männliches Auftreten schlicht und ergreifend Schutz vor Vergewaltigung bedeuten. Für die nährenden, passiven, fließenden Qualitäten war einfach kein Raum in diesen Zeiten. Somit gingen die weiblichen Anteile immer weiter verloren, weil sich unsere Großmütter und Urgroßmütter nicht erlauben konnten, sie zu leben. Stattdessen wurden sie (wie auch schon Generation für Generation zuvor) durch männliche Attribute ersetzt.

Und so setzen wir auch heute noch Stärke und Unabhängigkeit gleich mit einem Bestehen und Durchsetzen in einer männlichen Welt. Und sind gleichzeitig, trotz dem Kampf um Emanzipierung und Unabhängigkeit, weitaus abhängiger als uns bewusst ist, da wir nicht unsere eigene Stärke leben, sondern die übernommene Männliche. Um ernst genommen zu werden, um uns sicher und unantastbar zu fühlen, nutzen wir automatisch männliche Attribute und machen uns hart, kontrolliert, zielorientiert und dominant. Wir haben viel erreicht, aber dafür auch den Preis unserer authentischen Weiblichkeit bezahlt.

Die zarte Seite in uns haben wir lange Zeit abgelehnt und sie zusammen mit der Sinnlichkeit mit schwach sein verbunden. Aber genau das Gegenteil ist der Fall, denn eben diese Zartheit und Sinnlichkeit werden dem weiblichen Prinzip zugeordnet und entsprechen somit unserer Urnatur. Erst durch diese Attribute ist es uns möglich, vollkommen zu genießen, uns vollkommen hinzugeben, wahrzunehmen, zu spüren, zu fühlen. Egal, ob beim bewegen in der Natur, einem guten Essen oder beim Sex. Die Hingabe hängt ab von der Fähigkeit, unsere Weiblichkeit zuzulassen und zu leben.

Durch dieses Zulassen von weiblicher Energie erlauben wir uns auch wieder, den Männern gegenüber passiv zu werden und uns erobern zu lassen. Durch die Rückkehr in unsere ureigene Macht, wissen wir um den Wert unserer weiblichen Energie für den Mann und müssen uns nicht länger durch klammern und hinterherrennen klein machen. Genauso wenig müssen wir dann noch mit einem verzweifelten 'Alpha-Frau' Status unsere vermeintliche Stärke unter Beweis stellen. Wir werden stark, indem wir unsere Weichheit zulassen und die Männer damit endlich wieder ihre Rolle ausfüllen lassen.

Für sie, die über Generationen gelernt haben, ihre Männlichkeit durch Aktivität, Aggressivität und Dominanz zu leben, wird es sehr viel Umdenken und Hinschauen erfordern, um zu erkennen, dass die Integration der weiblichen Prinzipien von Empfänglichkeit, Hingabe und Passivität keinen Verlust, sondern ein Zuwachs an Stärke bedeuten. Aber auch hier dürfen wir nicht unsere unmittelbare Geschichte vergessen. Unsere Männer, deren Väter, Großväter und Urgroßväter in zwei Kriegen nahezu ausgelöscht wurden oder komplett traumatisiert daraus hervorgegangen sind. Und die folglich die männlichen Attribute in ihrer dunkelsten Schattenseite an unsere Männer weitergegeben haben. Für die ein Überleben nur durch absolute Härte, einem Ausschalten von Emotionen und dem blind fürs Gegenüber werden möglich war.

Auch für unsere Männer ist die weibliche, weiche Seite in sich selbst völlig fremd. Ein Tabuthema, nur für Weicheier, die nicht die Hosen anhaben in ihrer Beziehung. Die 'echten Kerle' definieren sich rein über das aggressiv Dominierende, ihre körperliche Stärke und ihre Unnahbarkeit. Für den Mann besteht die Aufgabe auf dem Weg in eine erfüllende Partnerschaft deshalb darin, die weiblichen Anteile in sich selbst anzuerkennen und zuzulassen und sie auch in uns als Frau zu würdigen.

Bringen wir unsere weiblichen Prinzipien des Erschaffens, des schöpferischen, kreativen, aufnehmenden, heilenden, empfänglichen Wesens wieder in unsere Beziehungen ein, dann räumen wir unserem Partner die Möglichkeit ein, seine ursprüngliche Rolle wieder auszufüllen und sich wirklich als Mann zu entwickeln. Als Mann, der sich endlich wieder fallenlassen kann in unsere wissenden und heilenden Hände, der uns erobern und unserer Energie den Raum halten darf, der uns die Sicherheit und Struktur schenken darf, in der wir uns selbst wiederum fallenlassen und entfalten dürfen.

Den männlichen Schutzgedanken haben wir ihm viel zu häufig

entrissen und ihn damit klein und unbedeutend stehen lassen. Männer sind von Natur aus darauf gepolt, der Frau Schutz zu sein. Indem wir aber ständig die 'starke', unabhängige Frau markieren, indem wir sie mit Dominanz und Aktivität zu überbieten versuchen, berauben wir sie diesem natürlichen Drang und damit auch ihrer Männlichkeit. Schutz zu geben (und als Frau auch Schutz zu suchen) ist weder falsch noch bedürftig sondern zeugt von tiefer Liebe. Wir können als Frau wunderbar selbst in unserer Kraft sein und für uns einstehen, und uns dennoch nach dem schützenden Raum des Mannes für unsere Entfaltung sehnen. Denn „der Mann, der fähig ist zu lieben, schützt das Herz seiner Frau wie sein eigenes Leben." (Moksha Devi)

Lasst uns gemeinsam unsere Weiblichkeit verändern, sie in ihren Ursprung zurückführen und damit das neue Männliche entstehen lassen. Das Männliche, das uns schützt und ehrt und dient. Das Männliche, in dessen Schutzraum wir noch tiefer in unsere Weiblichkeit tauchen können.

'Diese Welt braucht Menschen die begreifen,

dass die Ehrung des Weiblichen nicht

die Bedrohung, sondern die Rettung

des Männlichen ist.'

Veit Lindau

ZEIGE DICH. LEBE DICH.

'Don't ever be afraid to shine.

The sun doesn't give a fuck

if it blinds you.'

Unbekannt

Für die meisten von uns ist die Vorstellung, sich zu zeigen, in irgendeiner Weise in den Vordergrund zu treten und aufzufallen, nicht gerade einladend. Insbesondere dann, wenn es sich um ein Thema handelt, mit dem wir alte Muster aufbrechen, Grundsätze in Frage stellen, Glaubenssätze antriggern und Realitäten anzweifeln. Ein Thema, bei dem uns klar ist, dass wir belächelt werden, verspottet, für verrückt, naiv, feministisch oder esoterisch erklärt werden. Im besten Falle wird uns als komische Phase ausgelegt, die schon vorüber gehen wird.

Aber so ist es nicht. Und wir wissen das.

Wenn Du den Ruf erstmal vernommen hast,

dann gibt es kein zurück mehr.

Erinnerst Du Dich? Der Ruf, den wir in uns tragen, der uns die Wahrheit hinter all den aufgebauten Fassaden Stück für Stück aufzeigt, der uns in unsere Kraft zurückführt und der uns zeigt, wer wir wirklich sind. Ungeachtet dessen, ob die anderen damit klarkommen. Ungeachtet dessen, was sie über uns sagen, was sie denken, hinter unserem Rücken flüstern oder uns offen dafür verurteilen. Ungeachtet dessen, dass sie damit mitten hinein treffen in unsere tiefste Hexenwunde, in die Angst davor, gesehen zu werden, erkannt zu werden, für die eigene Stärke angeprangert zu werden. Wir wissen um diese Wunde, um ihre Hintergründe, und wir sind bereit, sie zu durchschreiten um sie aufzulösen.

Und es ist so wichtig, dass immer mehr Frauen diesen Weg gehen und sich zeigen. Etwas beitragen zur Veränderung des aktuellen Bewusstseins, zur Erstarkung des Weiblichen und damit gleichzeitig des Männlichen in seiner Ursprungsform.

Finde Deine Stimme wieder, auch wenn sie so lange geschwiegen hat aus Angst davor, zum Schweigen gebracht zu werden. Werde laut und sage was du zu sagen hast. Wir haben lange genug geschwiegen, lange genug das brave Mädchen gespielt, lange genug damit gewartet, uns selbst wahrzunehmen. Wir haben so lange gewartet, bis unser ureigenes Wesen fast ausgerottet war. Wir haben zugeschaut, wie uns unsere Weiblichkeit genommen wurde, haben Folter und Erniedrigung ertragen, haben uns für die Männer zu Spielzeugen degradieren lassen und haben zugeschaut, wie all unser Wissen und unsere Verbindung mit der geistlichen Welt für nichtig erklärt wurde. Wir haben geschwiegen, während wir innerlich vor Wut gebrüllt haben. Wir haben so lange geschwiegen und gewartet, bis wir uns unsere Schwäche und Abhängigkeit selbst geglaubt haben.

Aber jetzt ist es an der Zeit, uns zurückzuholen, was wir verloren haben. Zu Integrieren, was uns ausmacht. Es ist an der Zeit, uns wieder sichtbar zu machen und in Kreisen zusammenzukommen, um die alten Traditionen und Rituale wieder lebendig werden zu lassen. Um sie uns wieder mit Weisheit und Kraft nähren zu lassen und uns fest zu verwurzeln mit unserer Geschichte und und selbst.

'Kultiviere eine neue Zunge, lade den Wolf ein,

wecke die Hexe und tanze unter dem Mond.

Umarme Dein Herz, Deinen Schoß, Deinen Bauch und Deine

Weisheit.

Brülle, liebe Schwester,

brich das Schweigen und hol Dir Deine Macht zurück,

damit es die Jungen nicht müssen'

Brigit Anna McNeill

Trau Dich und spring über Deinen Schatten. Du bist sicher. Und Du wirst gebraucht. Es braucht Frauen wie Dich, die den Mut haben, voranzugehen und die neuen Grenzen aufzuzeigen. Frauen wie Dich, die andere mit ans Feuer holen. Frauen wie Dich, die andere wachrütteln, konfrontieren und provozieren. Frauen wie Dich, die sich berufen fühlen, ihr Wissen nach außen zu tragen. Frauen wie Dich, die ihre wilde Frau nicht mehr zähmen wollen und können. Es braucht Frauen wie Dich, die bereit sind, über ihre Angst hinweg ihren Weg zu gehen und andere an die Hand zu nehmen.

Ich weiß, welchen Mut und welche Überwindung es kostet, aus dem Schatten herauszutreten. Mein erster eigener Frauenkreis ist völlig ungeplant entstanden und war begleitet von den unterschiedlichsten Gefühlen. Ich habe es schon immer gehasst, vor anderen zu sprechen. Von klein auf war ich am liebsten alleine und mir ging es schon Tage vor einem Referat oder einem Auftritt schlecht. Hätte mir damals jemand gesagt, dass ich mal freiwillig vor anderen sprechen würde, hätte ich ihn für verrückt erklärt. Deswegen musste mein erster Kreis wohl auch so zustande kommen, ich musste förmlich hineinstolpern.

Wir wohnen sehr ländlich und haben neben einer großen, alten Scheune eine wunderschöne Wiese mit Blick übers Tal. Mein Gedanke war es, hier einen Vollmond-Frauenkreis zu gestalten. Allerdings hoffte ich, dass eine befreundete Frauenkreisleiterin diesen führen würde, ich wollte lediglich den Ort zur Verfügung stellen. Es war dann aber schnell klar, dass sie während des nächsten Vollmondes im Urlaub sein würde. Und so kam es, dass sie sagte, ich solle den Kreis leiten. Sie hätte sowieso das Gefühl, dass das zu mir gehört. Tja. Zuerst war ich komplett in Ablehnung und meinem Muster aus Rückzug und Selbstzweifeln gefangen.

Aber ich sehnte mich gleichzeitig so sehr danach, Frauen an diesem Ort zu vereinen, seine Magie für diesen Anlass zu nutzen. Und tief in mir wuchs schon lange der Wunsch, einmal selbst solche Kreise anbieten zu können, Teil davon zu sein. Irgendwann einmal, in der Zukunft. Definitiv nicht so schnell. Aber es ist wohl so, wie es meine Herzensschwester Claudia Taverna ausdrückte: der Göttin kann es manchmal gar nicht schnell genug gehen, ihre Frauen zu rekrutieren.

Nach ein paar Tagen Gefühlschaos entschied ich mich, den Kreis zu leiten. Und ich bin heute noch unglaublich dankbar für meinen Mut, die Erfahrungen, die ich während der Vorbereitungen und im Kreis selbst sammeln durfte, für die Frauen, die sich mit eingebracht und eingelassen haben und für meine Selbsterkenntnis, die ich an diesem Abend gewonnen habe.

Es braucht letztlich immer nur diesen einen, ersten Schritt, um etwas Großes entstehen zu lassen. Diesen ersten Schritt raus aus dem eigenen Schatten hinein ins Licht. Rechne damit, auf Deinem Weg auch die zyklischen Tiefen zu durchschreiten, die Dich völlig aus der Bahn werfen, Dir den Boden unter den Füßen wegziehen und Dich komplett auf Dich selbst reduzieren werden. Täler, die Dich seelisch und vielleicht auch körperlich bluten lassen, die sich wie ein innerliches Sterben anfühlen und die Dich auf Deine wahre Essenz besinnen. Wachstum entsteht nicht im Licht, sondern in der Dunkelheit. Und wenn Du durch Deinen Schmerz hindurch gegangen bist, dann kannst Du umso heller strahlen.

Bitte mache Dich sichtbar für Dich selbst und für die Welt. Wenn Du schreiben möchtest, dann schreibe, wenn Du singen möchtest, dann singe, wenn Du Dir einen Kreis von Frauen wünschst, aber keinen findest, dann rufe ihn selbst ins Leben. Wenn Du räuchern möchtest oder Karten legen oder Dir Deine eigenen Kräutermixturen herstellen möchtest und Angst hast, als

Hexe betitelt zu werden, dann tu es trotzdem *oder genau deswegen*. Wenn Du spürst, dass Du wieder in die 'Kleine-Mädchen' Schublade gesteckt wirst, dann zerbrich sie endlich in die kleinsten Teile, und wenn Du in Deiner Beziehung jeden Tag Deine aufgezwungene Rolle vor Augen geführt bekommst, dann mach Dich frei davon. Hab den Mut, Deine Wahrheit zu leben. Und hab die Gewissheit, damit die Vergangenheit zu ehren und die Zukunft zu gestalten.

Hör auf, Dich zu verstecken und zurückzuweichen, wenn Gegenwind kommt. Wachse dann umso höher über Dich hinaus. Für all diejenigen, die vor Dir da waren und all diejenigen, die nach Dir kommen werden. Steh auf für all diese Frauen und für Dein eigenes, inneres kleines Mädchen, das für sein anders sein gemobbt und ausgegrenzt wurde. Mach Dich noch sichtbarer und strahle noch heller, wenn Deine Angst und Deine alte Wunde unter Beschuss stehen.

Nur wer die Sehnsucht in sich selbst spürt, wird Deinen Weg verstehen können und mit Dir gehen. Mach Dir nichts aus denen, die stehen bleiben und nicht mehr tun können, als zu verurteilen. Geh voran und sei Dir sicher, Du berührst sie alle. Sei ein Sehnsuchtsentfacher, indem Du Dich selbst lebst und zeigst.

Lass Dich an der Hand nehmen, liebe Herzensschwester, und uns den Weg gemeinsam gehen. Lass uns die wilde Frau zurück ins Leben rufen, auf dass sie in all ihrer Schönheit und Stärke, in ihrer ungezügelten Lust und Lebendigkeit, in ihrer rohen, ungefilterten Wildheit und in ihrer ursprünglichsten Weisheit ihren Thron wieder einnehmen und die Veränderung bringen kann, nach der wir uns alle so sehr sehnen.

Aho.

They tried to bury us.

They didn't know

we were seeds.

DANKSAGUNG

.Danke an meine Söhne, Joel und Joah. Dafür, dass ihr mein Leben zutiefst bereichert und mir mit Eurer Geburt eine neue Ebene des Frau seins geschenkt habt. Ich bin dankbar, dass ich Euch auf Eurem Weg begleiten darf. Ich liebe Euch grenzenlos.

Danke an meine Mutter, Ute, und meinen Vater, Ingo, dass ihr mir von klein auf einen Raum voller Liebe und Unterstützung geschenkt habt, in dem ich wachsen und träumen konnte. Danke, dass ihr mir jederzeit zur Seite steht.

Danke an Claudia Taverna, die über viele Monate meine Herzensschwester wurde, noch bevor wir uns überhaupt das erste Mal getroffen hatten. Danke für den wundervollen Austausch mit Dir über die unterschiedlichsten Themen. Danke für Deine immer tiefgründigen, mit Bedacht gewählten Antworten. Und danke für Deine geistige und praktische Unterstützung bei diesem Buch.

Danke an die wunderbaren Frauen, die ich bei meinen Kreisen kennenlernen durfte. Allen voran Eva, Katharina, Rebecca, Anne-

Britt, Iris und Bianca. Ihr wurdet mir zu Seelenschwestern und ich bin dankbar, diesen Weg mit Euch gemeinsam zu gehen. Danke an dieser Stelle besonders an Dich, Katharina, für das schöne Räucherlied, das den Räucherabend unterm Sternenhimmel so magisch gemacht hat und das jetzt im Ritualkapitel seinen Platz gefunden hat.

Danke an die wundervolle, angehende Yogalehrerin Katrin, dass Du mit mir gemeinsam unseren ersten Vollmond-Frauenkreis gewagt und gestaltet hast und damit auch über Deinen Schatten gesprungen bist.

Danke an Sandra Zimmermann, dass Du mich mit Deiner Antwort, die jetzt den Eingang meines Buches bildet, auf den Weg gebracht hast.

Danke an Dich, Moksha Devi, dass ich Dein wundervolles Gedicht über die Töchter verwenden durfte.

Danke an Dich, Morning Moon Bear, dass Du mich als Schamanin mit Deinem tiefen Wissen und Deinem Blick durch die Zeiten hindurch an meine tiefste, eigene Hexenwunde herangeführt hast und mich weiterhin hindurch begleitest.

Danke an die drei Frauen, die mir das tolle Coverfoto zur Verfügung gestellt haben. Die Fotografin Paula Nantje Kiel, deren Bilder Ihr unter paulanantje.de findet, und die zwei wunderschönen Frauen auf dem Bild, Anna Losse (mamawunder.com) und Charleen Fabian (goldenremembership.com).

Und zu guter Letzt vielen Dank an Dich, liebe Leserin. Es berührt mich sehr, zu wissen, dass wir dieselbe Sehnsucht teilen und demselben Ruf folgen.

Quellenangaben

Websites und Bücher

S. 20/21 Matriarchat www.matriarchat.net, S. 22/23 Patriarchat www.emma.de

S. 27 Hexenbulle www.navigator-allgemeinwissen.de

S. 32/33 Kollektives Gedächtnis www.neuronation.de

S. 34 Dan Hurley www.discoverymagazine.com

S. 38/39 Hexenverfolgung www.historicum.net

S. 40 Ursula Faber www.j.ehret.com

S. 92 Intuition Gerd Gigerenzer www.potenzial-leben-blog.de

S. 139 Erich Fromm, Liebe, Sex und Matriarchat: Beiträge zur Geschlechterfrage, 1994

S. 140 Felsformationen www.kirstenarmbruster.wordpress.com

S. 143 Gertrude R. Croissier, Psychotherapie im Raum der Göttin, 2007

S. 156 Barfuss laufen www.schnelleinfachgesund.de/barfuss-laufen

S. 157 Tala Mohajeri, Die Wildnis in Dir, 2007

S. 159 www.kusumitra.de/2019

S. 208 Lilith und Eva www.danielahuetter.com/2015/10/26/lilith-s-botschaft

www.toechter-der-Lilith.de/lilith

S. 210 Helmuth Griesser, www.womanessence.de

Rebecca Campbell, Rise Sister Rise, 2016

Lisa Lister, Witch, 2017 und Love your Ladylandscape, 2016

Instagramseiten

Evi_Schwarz_Urkraftweberin, hera_morgan, veit.lindau, birgidannamcneill

ÜBER DIE AUTORIN

Miriam Wagenblast, 1983 geboren, schreibt, um Frauen an ihre weibliche Urkraft zu erinnern und dem inneren Sehnen, das in so vielen Frauen immer deutlicher anklopft, mit Worten Gestalt zu verleihen. Mutig und entschlossen öffnet sie den Suchenden die Tür und lädt jede Frau dazu ein, die eigenen Mysterien zu ergründen. Dabei liegt es ihr fern, einen richtigen oder vorgefertigten Weg aufzuzeigen, vielmehr möchte sie Frauen dazu ermutigen, ihre eigene Weiblichkeit voller Abenteuerlust und Neugierde zu erforschen.

Seit 2019 arbeitet Miriam auch vor Ort in Frauenkreisen, um einen heiligen Raum für jene Frauen zu schaffen, die sich tief im Inneren nach Schwesternschaft sehnen. Es ist ihr ein Anliegen, Frauen wieder zueinander zu bringen und Raum für die sanfte, kriegerische und freiheitssuchende Frau zu schaffen. Mit ihren Büchern will sie die weibliche Geschichte beleuchten und Mut machen, den Weg in eine freie, wilde Weiblichkeit zu gehen.

Printed in Germany
by Amazon Distribution
GmbH, Leipzig